《被災世代》へのメッセージ

これまで、そしてこれから／
〈単身者本位社会〉を超えて

大森美紀彦

新評論

はしがき――これまで、そしてこれから

本来ならば、二〇一一年の東日本大震災・福島第一原発事故を契機に、日本はそれまでの歩みを反省的に振り返り、新しい時代に向けて再スタートすべきでした。しかし、その後誕生した安倍晋三政権は、そうした反省は皆無で、経済成長主義という旧態依然の政策を全面的に復活させました。うたかたの繁栄の陰で、日本近代史の負の側面――軍事大国化、監視社会、貧困・差別問題が進行しています。

あの大震災・原発事故を契機に、日本人が省みなければならなかったのは何だったのでしょうか。近代国家・近代社会を形づくってきた私たち日本人の、根本的な生き方そのものであったと筆者は考えます。本書では**〈単身者主義〉**（singlism）という概念を使って、この明治近代以来の日本人の「生き方」を問い直します。〈単身者主義〉は戦後を代表する政治学者神島二郎が作った概念ですが、その意味は「家族やコミュニティよりも会社や国家を重視し、バラバラな個人がそれぞれの仕事に邁進する近代日本人の生き方」のことで、いわゆる独身主義（bachelor-ism）とは異なります。〈単身者主義〉の人々が作り上げた日本社会が**〈単身者本位社会〉**です。この社会は、人々の生活の質

よりも、会社、役所、国家の繁栄を優先してきました。

本書はまず、こうした〈単身者本位社会〉の現象面を取り上げ、それが欧米をはじめとする他の国々といかに異なっているかを明らかにします。そして、そうした現象面の特徴がなぜ近代日本において形成されてきたのかを詳らかにします。

次に、現政権によって旧態依然の経済成長主義が進められているにもかかわらず、震災以降、人々の意識の底流においては、「生き方」の問い直しが大きなうねりとして生じていることを見ていきます。新聞記事等に見られるごく普通の人々の声をできるだけ拾い集め、また、自らのフィールドワークの報告を通じて、今日の日本社会に生じているこの「地殻変動」の中身を明らかにします。

最後に、〈単身者主義〉の克服に向けて、今日の変動において二人以上の人間が「組む」ことの意味、それに基づく新たな連帯の方向性を提起します。家族、カップル、友人という「拠点」を持ち、そこでしっかりと個人と個人が「組む」ことによって、足腰の強い運動は育ち、新しい時代は開かれる、というのが本書の結論です。新しい時代の形成にはまだしばらく時間がかかりそうです。本書は、感受性に目覚める最も多感な時期に東日本大震災を経験した世代を《被災世代》（現在の中・高校生）と命名しました。未来を担うこの《被災世代》のみなさんに本書を捧げたいと思います。

《被災世代》へのメッセージ／目次

凡例

一　本文中の〈　〉は神島政治学の用語、《　》は筆者大森の造語です。

一　引用文中の〔　〕は筆者大森の補足です。

本書の導き手、神島二郎（1918~98）について

筆者の師である神島二郎先生は、立教大学教授・立正大学教授を歴任し、1980年から82年まで日本政治学会理事長も務めた人で、戦後の日本を代表する政治学者の一人です。

本書は、主に神島先生の作った**〈単身者主義〉**という分析枠組を使って書かれていますが、本書を起こすにあたって、まずは神島先生の学問とはどのようなものだったのか、その魅力を三つほどあげておきたいと思います。

神島政治学の魅力の第一は、その根底に自らの戦争体験があり、その上に学問が構築されていることです。1961年の著作『近代日本の精神構造』（岩波書店）は、「なぜ日本はあのような無謀な戦争をしたのか」という問題を解くべく書かれたものですが、戦争に向かった日本人の〈精神構造〉を鮮やかに解き明かしてくれました。先生の戦争体験は先生の一生の仕事を「平和の政治学」の構築に向かわせました。そして、日本の政治や社会に平和を危うくする風潮が起こったときには常に、評論や講演を通じ、それらに敢然と闘いました。先生の闘いを身近に見る中で、とくに印象に残っているのは、1980年前後の日本の改憲・軍拡の動きに対するものです。その軌跡は『日常性の政治学』（筑摩書房　1982）という本に残されています。

二つ目は日本の足下の現実から学問構築をしたことです。日本の社会科学は欧米で作られた学問の輸入で、「横のものを縦にする」、つまり横文字を日本語にしているだけだと揶揄されることがあります。神島先生はそうした日本のアカデミズムの傾向に抗い、早くから柳田國男（1875~1962）の民俗学に注目し、民俗学的な調査研究の手法を取り入れ、日本の現実から理論を構築し直すことでさまざまな問題を解き明かしました。本書に出てくる**〈単身者主義〉**や〈第二のムラ〉（本書60頁参照）はその代表的な例です。

三つ目は日本発の「普遍的な政治学」の発信を試みたことです。上述と関連しますが、神島先生は欧米輸入の政治学ではなく、それを相対化し、〈政治元理表〉という形で「政治学の一般理論」を構築しました（『新版　政治をみる眼』日本放送出版協会　1991／旧版1979）。〈政治元理表〉は10の〈元理〉で構成されていますが、本書ではその中の〈帰嚮（ききょう）元理〉を使っています（本書113頁参照）。この〈政治元理表〉による本格的な実証研究が課題として残されていますが、筆者は、この課題の達成によって政治学が飛躍的に発展するものと確信しています。

本書のキーワード

神島二郎先生の研究は、1974年前後を境に前期と後期に分かれます。前期研究時代には日本社会を分析する数多くの中間理論が作られましたが、本書の分析枠組の中心をなす〈単身者主義〉はその前期に作られた理論です。この理論は近代日本の政治や社会を分析する上でとても有効で、今日的状況を根底からとらえ直す点でも、ますます有効なものになっていると筆者は考えます。

〈単身者主義〉

〈単身者主義〉(singlism) とは「独身主義」(bachelor-ism) とは違います。「独身主義」は、生涯伴侶を持たないという意味ですが、〈単身者主義〉は、「家族やコミュニティよりも会社や国家を重視し、バラバラな個人がそれぞれの仕事に邁進する近代日本人の生き方」を意味します。よって、その人が結婚しているか否かは問題とはなりません。〈単身者主義〉には〈孤人主義〉(欧米の「個人主義」とは似て非なるもの) というもう一つの意味があります (本書17頁及び216頁以降参照)。

〈単身者本位社会〉

〈単身者本位社会〉は、〈単身者主義〉の人たちが作り上げた日本社会のことです。つまり「家族やコミュニティよりも会社や国家が重視される社会」を意味します。この社会の事象としてとてもわかりやすい例は、人々の住居よりも、会社や官庁のビルの方が立派になっていくことです。この社会は、他者や自然との関係性よりも、会社や国家の利益の方を重視します。21世紀に入ると、「過労死」「孤独死」の問題や再軍事化への動きが顕在化し、家族やコミュニティの崩壊の問題が盛んに取り上げられるようになりました。これはまさに〈単身者本位の社会体制〉の産物として見なされるものです。そして、2011年の東日本大震災・福島第一原発事故は、こうした社会の実像を明らかにし、人々に、社会のあり方を根本から問い直す決定的な契機をもたらすこととなりました。

《被災世代》へのメッセージ

これまで、そしてこれから／〈単身者本位社会〉を超えて

日本の将来を真剣に考えている
《被災世代》の中・高校生のみなさんに

＊被災世代　「ゆとり世代」のあとの世代――二〇一六年現在の中・高校生（一三～一八歳）――に対する筆者の命名。感受性に目覚める最も多感な小・中学校時代に東日本大震災を経験した世代。

序　「三・一一」によって露呈した日本社会の三つの問題とその根源

二〇一一年三月の東日本大震災・福島第一原発事故＝「三・一一」は日本社会に多大な衝撃を与えました。あれから五年を経ましたが、その影響は深く広く、日本はこの未曾有の天災と「人災」によって今も大きな「地殻変動」を起こし続けているように思われます。現在「アベノミクス」[1]によって再び「経済成長主義」「会社中心主義」による日本の立て直し（「日本を取り戻す！」）が図られていますが、私が注目するのは、にもかかわらず、人々の間には「経済成長」よりも「人のつながり」を大事にし、コミュニティを基礎にして社会を作り直そうとする動きがあることです。また「会社中心」ではなく、「家庭中心」に社会を再編成していこうとする「生き方」の問い直しがさまざまなところで始まっていることです。本書はそうした人々の動きに着目し、私たちと私たちの生きる日本社会の来たるべき未来ついて、近代日本の歩みを振り返りながら、ささやかな提言を行なおうとするものです。

この震災が起こる前、日本は大きな社会問題を顕在化させていました。それはＮＨＫが「無縁社会」という表現で提起した社会問題です。二〇一〇年一月三一日の番組で、NHKは「身元不明の自殺とみられる死」や「生き倒れ死」といった「無縁死」が年間三万二〇〇〇件に及び、「日本社会が深刻な『無縁社会』になっている」といういい方で、この事態をレポートしました。(2) 誰も来ない団地の一室で、身寄りのないお年寄りばかりか、働き盛りの生活困窮者までもが、誰にも看取られずにその一生を終える。数日後にようやく発見されても引き取り手がなく、無縁墓地に合祀される、という事態です。それは「家族とコミュニティの崩壊」以外の何ものでもありません。人々はこうした問題に無関心ではいられませんでした。二〇〇九年の民主党主導の政権の誕生も、こうした寒々しい日本社会の現実を何とかして欲しいという、国民の危機意識の表れの一つとしてとらえられるものでした。人々は、それまでの経済成長主義の自民党路線とは別の、血の通った新しい政治に期待を寄せたのです。

政権交代で成立した鳩山由紀夫内閣はこの問題を正面から受け止めたと思います。二〇一〇年一月二九日の第七四回通常国会における鳩山首相の「いのちを、守りたい」という言葉で始まる施政方針演説は、戦後の施政方針演説の中でも特筆すべきもので、そこには次のような言葉がありました。「地域主権革命元年」「新しい公共」「自立と共生」「地域の絆の再生」「コンクリートから人へ」。(3) いずれも、大震災後の日本の針路を指し示すような先見的なフレーズでした。(4) しかし、鳩山首相・小沢一郎幹事長が「政治とカネ」の問題を突かれ失脚させられていく中で、民主党は菅直人内閣、野田佳彦内閣と首相が代わるごとに所期の理念を失っていきました。(5) 民主党が国民の支持を失っていった最大の原因は、この所期理念の喪失にあったと思います。そして、あまりにも大きかった震災・原発事故のインパクトを前に、政権交代のときに抱かれた人々の期待は批判へと変わり、自分たちの選んだ政権を自ら潰してしまいました[6]。

世紀をまたいだ日本は、これら三つの問題、すなわち「無縁社会」「民主党による政権交代（とその失敗）」そして「東日本大震災・福島第一原発事故」を突きつけられていたことを、まず確認しておく必要があるでしょう。いずれも、これまでの日本人の歩みに反省を求める現象であり、二一世紀の方向性を問う現象でありました。

では、この三つの問題が私たちに突きつけた核にあるものとは、一体何だったのでしょうか。おそらく、その最大のものが、近代日本における「家族とコミュニティの崩壊」という問題ではないかと私は考えています。「無縁社会」はまさしくこの問題そのものですし、「民主党の政権交代（とその失敗）」はそうした日本社会の根源的な問題、つまり経済成長の陰に生じた人々の「絆」の喪失とその再建への期待に民主党（とそれを選んだ国民）が応えられなかったという問題、また「東日本大震災・福島第一原発事故」は地方（の家族・コミュニティ）の犠牲の上に中央（の企業・国家）の繁栄があったことを顕在化させたという問題であるからです。

「家族とコミュニティの崩壊」という問題をめぐっては、現在、じつにさまざまなアプローチによってその解決が求められています。本書では、戦後を代表する政治学者、神島二郎の〈単身者主義〉（singlism）という分析枠組を使って、近代日本のこれまでの歩みをたどりながらこの問題の根底に迫り、今後の私たちと私たちの社会のあり方について考えていきます。

〈単身者主義〉とはいかなる概念でしょうか。冒頭囲み「本書のキーワード」で、「家族やコミュニティよりも会社や国家を重視し、バラバラな個人がそれぞれの仕事に邁進する近代日本人の生き方」と簡単に説明しましたが、ここでは神島自身の言葉によって、その概念を紹介しておきましょう。

〈単身者主義〉とは、その人が「独身」であるとか「独居者」であることとはまったく関係のない概念です（普通「単身者」と言うと、先ほどのNHKの番組が示唆するように、一般的には「独身者」「独居者」を意味しますので、これとの区別が必要です）。神島は次のように言っています――「単身者主義であることは、配偶者を事実上持とうと持つまいとそれには関係がありません。つまり、独身であっても、単身者主義でないばあいもありますし、妻帯していても、単身者主義であるばあいがあるからです(7)」。「妻帯」とありますが、今日的には「パートナー」と言い換えてもよいでしょう。

〈単身者主義〉の具体的な表れ方としては、「会社本位主義」とか「モーレツ社員主義」となります。「ism：主義」ですから「生き方」であり、「ライフスタイル」ということになります。近代とりわけ戦後日本において、人々は「会社中心」のライフスタイルを歩んできました。そして、社会的には〈単身者本位の社会体制〉を形成してきました。神島は〈単身者主義〉によって形成されたこの社会体制を次のように厳しく批判しています――「日本では明治以来人々の平等化を国家への富と権力の集中でまかなってきたが、敗戦でこれが破綻すると、会社が国家に代位し、会社が栄えるにつれて会社にくっついて国家が再登場した。この仕組は単身者本位の組織運営であり、国家あって個人なく、会社あって個人なく、経済成長はあっても生活の豊かさはない。〔中略〕そこで、われわれが考えなければならないのは、会社主義の否定である。そしてそれを支えてきた単身者本位の社会体制を打破しなければならぬ(8)」。

〈単身者本位社会〉は、人々が家族やコミュニティよりも会社や国家を重視するものですから、その具体的な特徴は、例えば住居や自然など身の回りの環境よりも会社や官庁の建物が立派になっていく形で表れてきます。企業が内部留保をいくらため込んでも、あるいは家庭や地域環境を犠牲にして原発を作っても許されるような社会です。また、働く人々がワーカホリック（働き中毒）になり、なかには「過労死」するまで働く（働かされる）ような社会です。こうした会社・国家本位の社会は、人々のつながりを遮断し、コミュニティをどんどん衰退させていきます。当然ながら、政府の政治・経済政策も、人間ではなく会社の利益を最優先に立てられることになります。「アベノミクス」がその例です。

ところで、〈単身者主義〉という言葉には、「会社本位の生き方＝会社本位主義」という意味のほかに、〈孤人主義〉というもう一つの意味が含まれています。神島によれば、近代日本は「個人主義」という概念を欧米から輸入しましたが、その中身は、その受容の過程で欧米の「個人主義」とはまったく別物になってしまいました。〈孤人主義〉とはそうした「日本的な個人主義」を表現した神島の言葉です。神島は欧米の「個人主義」と日本の「個人主義」とを比較して次のように言っています――「人々の原子化はわが国では単身者主義化という形で徹底しておし進められたのに対して、欧米では自律的単位集団の再結成によってむしろこれが阻まれてきたように思われる。すなわち、わが国においては、家族の単位性はとみに失われて血縁擬制的に拡散したが、欧米においては夫婦を軸に家族の単位性が維持される傾向にあった。したがって、後者を前提にして個人主義の含蓄が決定され、前者を前提にして出てくるのは個人主義ではなく孤人主義、それを私は単身者主義と名づけたのである」[9]（傍点：引用者）。

引用文中の「自律的単位集団」とは、イギリスにおける近代的階級のベースにある家族、そのバックにあるクラブやサロン等のコミュニティ、あるいはアメリカ新大陸における家族・教会を単位としたコミュニティのことを意味します。近代日本ではそうした「自律的単位集団」は形成されず、むしろ「血縁擬制的に」、つまり「家族国家観」[10]といった血縁関係のない上からの擬制的な共同体イデオロギーによって、国民的統合が行なわれたのです（第1章で詳述）。それにともない日本では実体としての家族が崩壊していきます。一方、「欧米においては夫婦を軸に家族の単位制が維持される傾向」を今日まで保持してきました。「家族の単位制」を前提にするか否かで、彼我の「個人主義」はまったく異なったものになったのです。

「個人主義」が欧米のものと異なってしまったという指摘は、すでに夏目漱石（一八六七～一九一六）によってなされています。漱石が「私の個人主義」を学習院で講じたのは一九一四（大正三）年でした。漱石の主要な論点は、「自分の自由を愛するとともに他の自由を尊重する[11]」ことが日本社会では欠けている、というものでした。彼は留学したイギリス社会と比較しています。

神島による日本の「個人主義」批判は、漱石のそれと比べて、より根源的なものでした。現象面を問題にした漱石に対して、神島はなぜそうなってしまったのか、その根本的な理由に迫ろうとしたからです。

欧米近代において、家族やコミュニティは崩壊しませんでした。キリスト教信者の通う教会という場がそれを維持させてきたのかもしれません。神島は、「孤独人は社会の構成単位にはなりえません。その理由は、人間存在そのものの特性に根ざしている[12]」からだと言っています（神島は〈孤人主義〉の〈孤人〉をここでは〈孤独人〉と表現しています）。引用文中の「人間存在そのものの特性」とは、一言で言えば、人は本来一人では生きられないということです（第4章で詳述）。そうした人間本来の特性をとらえ直し、「孤立した個人」（＝単身者）ではなく、欧米近代が大切に保持してきた家族・コミュニティに体現されるような「二人以上の個人」（＝〈複身者〉）を社会の単位として取り戻すこと、神島は日本社会が取り組むべき課題をそのように考えたのです。

本書は神島二郎を導き手として、〈単身者主義〉の概念が含むこうした二つの意味——「会社本位の生き方＝会社本位主義」と「日本的な個人主義＝〈孤人主義〉」——を批判的にとらえながら、日本社会の現状とあるべき変革の姿かたちについて考えていきます。第1章ではまず、〈単身者本位の社会体制〉の日本社会が、諸外国と比べてどれほど「普通でない」かを具体的に見ていくことにしましょう。

注

（1）アベノミクスとは、安倍首相の掲げる経済政策。デフレと円高からの脱却のために、金融緩和（中央銀行＝日銀で金利を下げ、市中銀行から企業がお金を借りやすくする政策）によって企業の利益を増やす「成長ありき」の経済政策のこと。これを推進する根拠には、大企業が儲かればその利益が下々に滴り落ちるという「トリクルダウン」仮説（第3章注139参照）がある。二〇一三年一月二八日の安倍首相の「所信表明演説」では、①大胆な金融政策（二％の物価安定目標・日銀との連携強化等）、②機動的な財政政策（イノベーションと制度改革等）、③民間投資を喚起する成長戦略（中小企業・小規模事業者の躍動、地域の魅力があふれる社会等）を経済の基本方針とし、それを「三本の矢」と称している。その後安倍首相は「新三本の矢」というキャッチフレーズで新しい経済政策を再提示し、二〇二〇年までに名目経済成長三％、GDP（国内総生産）六〇〇兆円達成という夢のようなビジョンを謳ったが、二〇一五年末現在に至っても、その初期の目玉である「二％の物価安定目標」はいまだ達成できていない。

（2）NHK「無縁社会プロジェクト」取材班編『無縁社会―「無縁死」三万二千人の衝撃』（文藝春秋社　二〇一〇）参照。

（3）鳩山首相「施政方針演説」（東京新聞　二〇一〇・一・三〇）。「いのちを、守りたい」という言葉で始まるこの施政方針演説は当時の日本社会の課題に応えた極めて「理想主義」的な内容であった。本文であげた以外では次のようなフレーズが特徴的である。「ガンジーの七つの社会的大罪」「文化立国」「緑の分権改革」「戦後行政の大掃除」「文化融合の国日本」「東アジア共同体構想」「核のない世界の実現」「日中間の戦略的互恵関係」等。

（4）二〇一〇年六月二日、鳩山は首相を辞任した。社民党の連立離脱と「政治とカネ」の問題で民主党に迷惑をかけたというのがその理由であった。同時に小沢も幹事長職を辞した。鳩山＝小沢体制は、自民党時代に形成された「政・財・官・報（道）・学（者）・米（国）」のエスタブリッシュメント（既成勢力）の力の前に、わずか八カ月半で瓦解した。鳩山首相の罪状は、母親から一二億円超の資金提供を受けていたにもかかわらず、秘書が虚偽の帳簿を作ったというものであり、小沢幹事長の罪状は、西松建設の政治献金で虚偽の記載をしたというものであった。しかし、鳩山首相は利権をあさっていたわけではなく、小沢幹事長もこの後二〇一二年四月に東京地裁で無罪判決、同一一月一二日には東京高裁で無罪が確定している。この間、マスコミ（報）によって、猛烈にこの「政治とカネ」問題が取り上げられた。政権交代を確実にした二〇〇九年の衆議院総選挙時の民主党のマニフェストには、「税金のムダづかいと天下りを根絶」「対等な日米同盟関係」「日米地位協定の改定を提起し、米軍再編や在日米軍基地のあり方についても見直しの方向で臨む」などが掲げられていた。これらの公約を見れば、エスタブリッシュメントとりわけ官僚や米国にとって鳩山政権がいかに意に添わないものであったかがうかがい知れるだろう。

（5）菅首相の施政方針演説は、先の鳩山首相の施政方針演説と違い「官僚的発想」で構成されている（東京新聞　二〇一〇・六・一二）。それは次のような「官僚」的用語（二字・四字熟語の多用と上からの民衆統治の発想を特徴とする）に表れている。「経済・財政・社会保障の一体的立て直し」「責任感に立脚した外交・安全保障政策」「課題解決型の国家戦略」「アジア経済戦略」「観光立国・地域活性化戦略」「財政健全化による強い財政の実現」「一人一人を包摂する社会」「国民の責任感に立脚した外交」等である。鳩山首相の施政方針演説にあった「孤独な死」などのリアルな言葉は消えている。野田首相の施政方針演説は第一七八回「首相所信表明演説」（内閣官房内閣広報室「首相官邸ホームページ」）を参照。

（6）大震災・原発事故の一年九カ月後に行なわれた衆議院総選挙（二〇一二年一二月一六日）では、主に景気回復、税と社会保障の改革、脱原発、TPP（環太平洋戦略的経済連携協定）、消費税、憲法改正、外交問題等が争点となり自民党が圧勝、「無縁社会」の問題は陰に隠れてしまった。

（7）神島二郎『日本人の結婚観』（筑摩書房　一九六九　三四〜三五頁）。

（8）神島二郎『転換期日本の底流』（中公叢書　一九九〇　三一九頁）。

（9）神島、同右、八五頁。

（10）家族国家観とは、戦中日本の全体主義的国家体制を支えた公式イデオロギーの一つ。天皇を父とし国民を子として国民を統制。国家は「教育勅語」（一八九〇）、「臣民の道」（一九四一）などを通じてこのイデオロギーを国民に植え付けた。

（11）夏目漱石『私の個人主義』（講談社学術文庫　一九七八　一四八頁）。

（12）神島、前掲『日本人の結婚観』三五頁。

第1章

日本＝〈単身者本位社会〉という問題の立て方

〈単身者主義〉によって繁栄した大都会・東京（丸の内ビル街）。ここから発している国道6号線を北上すると福島原発にたどり着く。

通常「衣食住」といういい方が、明治以来一般にされてきたが、これは意外とある真実を突いている。というのは、衣食住の価値序列がじつはちゃんとこの順序になっていたからである。そしてこの価値序列は単身者本位の生活様式にそってできあがったものである。

（神島二郎「家族を自立の拠点として」『思想の科学』一九七九　No.102　一六頁）

明治以来の近代化の歩みの中で、日本は欧米に追い付け追い越せで遮二無二進んできました。アジア・太平洋戦争までは「富国強兵」ということで軍事大国・重工業大国を目指し、戦後は「豊かな暮らし」ということで経済大国の道を歩んできました。そして、見事に世界トップクラスの「先進国」として欧米諸国と肩を並べるようになったのです。

ところが、経済的には「欧米並み」になったのですが、「お手本」としてきた欧米諸国と比べると社会的にはたくさんの違いがあるように思えます。この章では、私が常日頃、欧米諸国（の人々）と比べて日本（人）が「普通でない」と思っていることを、「政治に関わること」と「生き方（ライフスタイル）に関わること」の二つに分けて少し取り上げてみたいと思います。

一　政治に関わること

食糧自給率の低さ

日本社会が欧米諸国と比べ「普通でない」と感じる第一のことは食糧自給率です。欧米の国々は確かに工業や商業・金融業等を著しく発展させてきましたが、同時に農業も維持してきました。欧米先進国は意外にもみな農業国なのです。ちなみに主要先進国の食糧自給率（カロリーベース）を見てみましょう。二〇一一年の農林水産省の統計によると、アメリカ一二七％、ドイツ九二％、フランス一二九％、イギリス七二％となっています。それに対して日本はわずか三九％です。穀物自給率、つまり主食について見ますと、アメリカ一一八％、ドイツ一〇三％、フランス一七六％、イギリス一〇一％で、日本は何と二八％にすぎません。日本の穀物自給率は一七六の国・地域中一二五番目の低さです(1)。

この問題がなぜ〈単身者本位社会〉（＝家族・コミュニティよりも会社や国家を重視する社会）の形成と関係があるかというと、次章で述べますように、日本の〈単身者本位社会〉は、農村からの大量の「単身出稼ぎ労働者」によって形成されてきたからです。働き盛りの労働者を奪われた農村は都市の発展と並行して衰退していきました。つまり、日本の食糧自給率の低さは近代日本社会の〈単身者本位社会〉化の結果であるとも言えるのです。

政治家の家族関係

欧米の政治家、なかでもアメリカ合衆国の大統領の行動に顕著なのですが、彼らは日本と違って家族一体で政治活動をします（ここでは日本の男性中心の〈単身者本位社会〉について論じるので、男性リーダーを紹介することにします）。選挙運動時には奥さんを帯同し各地をまわりますし、党の全国大会や選挙後のさまざまなイベントでは同伴が原則です。アメリカではきちんとした家族を持っていること、これがおそらく市民、さらにはその代表である大統領となる一つの条件なのでしょう。

私は大学時代に日本の政治を考え始めたとき、なぜ日本では政治家や「偉い人」（ここでは「出世した人」と定義します）は公の場に夫人を帯同しないのだろうか、そしてそもそも「偉い人」はなぜみな「独身」のように見え、「独身」のようにふるまうのか不思議に思いました。それはあとから「日本社会が〈単身者主義〉の社会であるからだ」という神島二郎先生の説明を聞いて納得するわけですが、その社会の「成功者」と言われるこれらの人々が「独身」に見えるのはある意味当然のことだったのです。

欧米の政治家や各分野のリーダー的な人に「独身」のイメージはありません。欧米の政治家の「回顧録」などを見ますと、むしろ自分がいかに家族を大切にしてきたかを臆面もなく記述している場合が多いのです。

日本経済新聞が連載している「私の履歴書」は、内外の政・財・官・学の「偉い人」が自らの生涯を語るコーナーです。[2] ここに登場する多くの日本人男性は家庭や奥さんのことなどあまり触れません。ところが、Ｊ・Ｗ・ブッシュ（ジュニア）元アメリカ大統領や、Ｔ・ブレア元イギリス首相の記述はまったく様子が違います。ブッシュさんは奥さんのローラさんとの出会いについて心を込めて書いています。結婚翌年の連邦下院選挙に立候補したブッシュさんが、奥さんと一緒に小さな白いトラックに乗ってハネムーン替わりに選挙運動をしたことや、一九八六年に奥さんに禁酒を誓ったことなどが感謝の気持ちを込めて記述されています。[3] そこでは政治という仕事を通じ、人生を共に歩むパートナーとして奥さんが描かれているのです。

ブレア元イギリス首相の場合も同様です。次の記述はイラク戦争開戦（二〇〇三年三月一九日）前夜の緊迫した国際状況の中で、開戦か否かの決断を迫られていたときのものです――「当時の私は家庭に戻ると魂が抜けたようだった。食事中も上の空で子どもたちの質問すら耳に入らなかった。家族全員が私の様子がおかしいことに気づいていた」[4]。国家を導くリーダーでも、常日頃から家族を思い、また家族も、父親であり夫であるその人を大切に見守っている様子がつぶさにうかがえる一文です。ブッシュさん同様、ブレアさんの「私の履歴書」にも、奥さん（シェリーさん）との出会いをはじめ、第四子レオ君の誕生に際して二週間の産休を取ったことや、長男ユーアン君の飲酒による失踪・逮捕事件で父親として悩んだことなどが書かれています。[5] ブレアさんにもブッシュさんにも「独身」のイメージなど露ほどもありません。

一方、日本人の「偉い人」が家庭や奥さんについて触れるときは、「わがままな自分の生き方を認め家庭を守ってくれてありがとう」という内容になります。つまり、「政治や会社経営等に専念する自分の生き方」や「家庭を顧みなかった自分の生き方」を認めてくれたことに対する一方的な感謝の念の表明となります。これこそ〈単身者主義〉的な生き方なのですが、「私の履歴書」では森喜朗元首相が次のように書いています――「妻・智恵子は私の四三年間の政治生活の最大の功労者であり、犠牲者でもあった。横浜の普通の家庭に育った妻は私が選挙に出ると、四歳と生後六カ月の幼子を抱え、全く縁も友人もない石川県で選挙に飛び回る羽目になった。妻もようやく政治家女房をお役御免になった。余生は妻と一緒の時間を増やし、少し女房孝行をしたいと思う」(6)（傍点：引用者）。

二〇一〇年に出版された海部俊樹元首相の「回顧録」を見てみましょう。海部さんはその「あとがきにかえて」で、奥さんへの感謝の言葉を次のように記しています――「最後に、政治ばかりで家庭をかえりみることのなかった私を、今も支え続けてくれる妻の幸世にこの場をかりて感謝する。とても筆舌に尽くしがたいほどの深い感謝である」(7)。家族と共に政治生活を送るブッシュさんやブレアさんのような欧米の政治家とは対照的な記述です。

日本では定年を迎えた「モーレツ社員」の亭主が妻から「定年離婚」を突きつけられたりします。それは定年を機にした「家庭の崩壊」ですが、先の海部さんの言葉、「政治ばかりで家庭を顧みることがなかった」を「会社ばかりで…」に置き換えれば、こうした生き方が政治家や「偉い人」ばかりではなく、普通の日本人にもたくさん見られることがわかると思います。

家族関係社会支出の低さ・子どもの貧困問題

欧州諸国と比べて日本は家族関係社会支出の低さが目につきます。家族関係社会支出とは、家族を支援するために国が支出する現金給付や現物支給（サービス）を計上したもので、具体的には、子ども手当や健保、雇用保険、生活保護などに関わる給付や扶助のことを指します。『平成二四年版 厚生労働白書』の「各国の家族関係社会支出の対GDP〔国内総生産〕比の比較（二〇〇七年）」[8]によると、日本のそれは〇・七九％で、フランス三・〇〇％、スウェーデン三・三五％、イギリス三・二七％などと比べると四分の一程度であることがわかります。

日本は扶養手当や福利厚生などで企業がこれを補っている、という議論もありますが、こういう種類のものは企業だけに任せて良いはずはありません。扶養手当や福利厚生が充実しているのは主に大企業であり、それも経営状態によってはいくらでも削減可能なものです。また、離婚などで夫の会社組織との関係が途切れると、こうした扶助から外されてしまいます。当然、出産や親の介護、失業等で本人が会社組織から離れざるを得なくなった場合も同じです。

この問題が先鋭的に表れるのは、子どもの貧困です。日本の子どもの貧困率は、ＯＥＣＤ〔経済協力開発機構〕の二〇一四年の調査で三四カ国中一〇番目の高さです[9]。また、こうした状況に最も陥りやすい層は一人親世帯、とくに離婚した母子家庭の子どもです。母親は、婚姻継続中は夫の会社から扶養手当などが支給されますが、一たびそうした給付から外れると、子育てとパート労働の両立に苦しむ厳しい生活が待っています。

神島二郎は『日本人の結婚観』の中で、戦後の日本社会が家庭を軽視してきた結果の最大の被害者は幼い子どもであると言っています[10]。これは、家庭よりも会社を大事にする〈単身者本位社会〉、「会社本位主義社会」の最大の問題です。

スウェーデンでは「親子法」があり、両親の離別後も子どもの権利として両親との関係を継続させることができ、両親が共同で子どもの養育者（親権者）となるように定められています[11]――「二〇〇五年に離別・離婚したカップルで一八歳未満の子どもがいた者のうち、法律婚をしていたカップルの九五・九％、サンボ〔同棲婚（事実婚）〕であったカップルの九〇・八％という圧倒的多数が離別後も両親共同で養育者となる取り決めを行って[12]」おり、子どもと別居している親は月額一二七三クローナ（二〇〇七年当時のレートで約二万三〇〇〇円）を支払い、足りない場合は国家がその差額を負担するということです。日本の場合は、協議離婚が離婚全体の全体の九〇％を占めますが、養育費については取り決めがなされないことが多く、なされたとしてもその額は、年間にして母子家庭の年収（二〇一四年厚生労働省の調査では母子家庭の年間平均収入は二二三万円）のわずか三％にすぎません。アメリカ（日本と同様、子どもの貧困率が高い（注9参照））の一〇％に比べてもかなり低い額ですが、アメリカの場合はさらに、滞納者への罰則として、自動車免許停止などの重い措置も取られているそうです[13]。

このように各国の家族関係社会支出、養育費の支払い状況を垣間見ただけでも、日本では社会構成単位としての家族を軽視する傾向が強く、子どもが最もその影響を被っていることがわかります。

自治体の数の少なさ――フランスは何と三万六〇〇〇以上！

総務省の資料によると、日本の基礎自治体数は二〇一四年四月現在で、一七一八市町村（市七九〇、町七四五、村一八三）、これに東京都の二三特別区を加えると合計一七四一となっています。この数は多いのでしょうか、少ないのでしょうか。少なくとも言えるのは、日本は明治以来、幾度かの市町村合併を経て、その数を約七万から二〇〇〇弱へ減らしてきたということです。また、このことが、コミュニティを軽視する〈単身者本位社会〉と深く結びついているということです。

まず、欧州の国々で日本と国土面積が同じくらいのスペイン、イタリア、フランスと比べてみましょう。一〇数年前の数字ですが、スペインの自治体数は八〇二七、イタリアは八〇七四、フランスは何と三万六五二七です[14]。スペイン、イタリアは日本の四倍以上です。両国の人口は約四〇〇〇万から六〇〇〇万ですから、一自治体あたりの平均人口は五〇〇〇から七〇〇〇ほどとなります。日本はこの一〇倍、約七万人です。日本の最大規模の自治体は横浜市で約三六〇万人ですが、これは極端としても、一自治体の平均七万人とはいかにも大きいと言えるでしょう。国ごとに自治体の制度的条件や財政的基盤が異なるので、自治体の適正人口など決めようもありませんが、目の行き届いた自治（家族とコミュニティを重視する自治）を行なうには小規模単位が望ましい、ということだけは言えると思います。

その点で私が注目したいのがフランスです。フランスでは、「中世以前からの自然発生的なコミュニティーが姿を変えながら現代まで生きのびて[15]」おり、「その起源はフランス革命前の教区に遡り、二〇〇年を経た現在もほとんどその数は変わらない」ということです[16]。

フランスの自治体の数は約三万六〇〇〇ですから、日本の人口の約半分ほど（約六六〇〇万）のフランスには日本の二〇倍以上の市町村（コミューン）が存在していることになります。最も比率の高いコミューンの規模は二〇〇〜四九九人だそうです。厳密な比較ではありませんが、これは明治初期の日本の町村数約七万（江戸期の集落数とほぼ同数と言われています）、そして一八八八（明治二一）年の「市制町村制」において「従来の関係や、地形人情を参考にして」決められた「戸数三〇〇〜五〇〇戸」という町村単位を想起させます（第2章参照）。二〇〇〜四九九人規模の自治体ではどんなに濃密な自治が行なわれていることでしょう。

「ふくしま自治研修センター」発行のコラムの中で、同センター総括支援アドバイザーの吉岡正彦氏が、フランス南部の小村コランスにおける興味深い地方自治の事例を紹介しています[17]。オーガニック（有機的）な素材を生かした村づくりに関する事例です。一九九五年に過疎化対策（都市集中や地方疲弊による人口移動の問題はどの国も同じであるようです）で始められたコランス村の「オーガニックな村づくり」は、ブドウ生産やワインづくり、チーズ生産、野菜・ハーブ栽培等による産業振興を基調とするものです。こうした振興政策によって料理人やアーティスト、壁職人など、多様な人材を引き寄せて、六五〇人だった村の人口は一〇〇〇人近くにまで増えたそうです。伝統的な技術や建材を用いたエコロジー建築の推奨、薪を使ったセントラルヒーティングの採用、オーガニックな食材による学校給食の提供、ソーラーパネルによる小規模発電と発生電気の電力会社への販売、その収益の村への還元…、小さな村単位でもこれだけのことが住民主体の自治によって行なわれているといいます。吉岡さんは「千人足らずの小さな村だからやりやすかったという面もあろうが、わが国においても、やる気があれば集落や行政区単位などから始めることも可能であろう」（傍点：引用者）と言っています。

日本でも同じようにやれるでしょうか。私は埼玉県南部の日高市というところに住んでいます。五万人をやや超える小さな都市です。コランス村と比較すればその五〇倍もの人口です。コランスの真似をしようと思っても、規模が大きすぎて、考えただけでも途方に暮れそうです。フランスの村の村長さんと違って、日本の首長さんたちは何万、何十万もの住民が相手ですから、その声を一つひとつ聞くだけの余裕もなさそうです。日本には一般的に、地方自治体の下に平均（中央値）約一〇七世帯規模の自治会・町内会がありますが(18)（東京都武蔵野市のように自治会・町内会がないところもあります）、それらは環境整備や運動会・夏祭りはできても、行政や政治の主体になることはできません。でもこの規模で地域の自治を行なえば、コランス村のような改革も可能になるかもしれません。吉岡さんも改革可能な単位を「集落や行政区単位」としています。

ちなみに、フランスでも何度か市町村合併促進策が講じられたそうですが、日本とは対照的に住民の反対が強く、まったく進みませんでした。その大きな理由は、先の引用文にもあったように、自治体の区分が伝統的な「教区」に沿って定められているからだと言われています(19)。つまり、フランスにおける自治体は、住民にとっての精神的な紐帯にもなっているのです。これと比べ、〈単身者本位社会〉の日本では、市町村合併の過程で人々の精神的な拠りどころをどんどん潰していきました。地方の社《やしろ》を壊し、祖先や自然に対する伝統的な信仰心を巧みに奪っていきました。このあたりについては第2章であらためて取り上げます。

さて、アメリカの自治体数についても大づかみに見ておきましょう。U.S. CENSUS BUREAU（アメリカ国勢調査局）の二〇〇二年の資料によると、アメリカの地方団体の数は、カウンティ（County＝郡）三〇三四、自治体一万九四二九、タウン等一万六五〇四、学校区一万三五〇六、特別行政区三万五〇五二、計八万七五二五となっています。[20] 日本の市町村にあたるのは「自治体」（Municipal）で、約二万です。アメリカの人口は約二億五〇〇〇万ですから、一自治体の平均人口は一万二五〇〇となり、この数だけを取ってても日本より濃密な自治が行なわれていると推察できます。しかもアメリカにはこのほかに個人が関わる地方団体が七万近くあるわけです。アメリカの民主主義はこれら複数の地方団体による自治を基本にして成り立っているのです。

ここまでが、私が欧米と比べて「普通でない」と考える日本の〈単身者本位社会〉の「政治」面に関わる部分です。次に、「生き方」（ライフスタイル）の面からこの「普通でない」と思われるところを、やはり近代日本が「お手本」としてきた欧米との比較を通して見ていきましょう。

二　生き方（ライフスタイル）に関わること

衣食住という順番

本章冒頭に引用した神島の「衣食住」に対する考察はたいへん鋭い分析です。どういうことかというと、私たちは何気なく「衣食住」といいますが、この順番は日本人のこれらに対する重要度の序列を表しているからです。つまり、「衣」と「食」にお金をかけて、「住」をおろそかにしているということです。日本社会を見てみると、会社や官庁の建物は立派なのですが、個人の住宅はとても「先進国」とは言えないようなシロモノです。

日本人の「衣食住」について、まず「住」から見ていきましょう。日本では家は「消耗品」、イギリスでは家は「人権や文化の基礎[21]」――これは、イギリスを何十回も訪れ、イギリスと日本の家屋についての本をたくさん書いてきた井形慶子さんの指摘です。「うさぎ小屋」などと揶揄されることもある日本の家屋ですが、私は井形さんが指摘しているように、その狭さよりも家そのものに対する日本人の意識が気になります。「マイホームが夢」といいながら、今の日本人には、いったん住めば一〇〇年以上家屋を大事にしていくイギリス人のような文化はありません。手に入れたマイホームのローンを支払うため、日本の「モーレツサラリーマン」は遮二無二働きます。深夜帰宅・日曜出勤ですから当然と言えば当然でしょうが、庭の手入れや自宅周辺の環境保全などに気をまわすような余裕などありません。日本人の〈単身者主義〉は、まさにこうした「住」に対する意識に色濃く表れているのです。

テレビの紀行番組などでイギリスの街並みを見ることがあります。デザイン豊かな伝統造りの家、緑と花に囲まれたカラフルな庭。こうしたイギリスの住宅街と比べると、日本のそれはいかにも画一的で無機質です。明治初期に来日したスコットランド出身の商人・植物学者ロバート・フォーチュン（一八一二〜八〇）は、農民から長屋の住民まで当時の日本人は庭造りにとても熱心であったことを観察しています。(22) 日本でガーデニングが廃れたのは、まさに日本社会が近代を歩み出した明治以降なのかもしれません。

次に「食」ですが、日本のテレビを見ていると、朝昼晩のワイドショー、特別番組の最近の定番はグルメ情報です。繁華街の飲食店の紹介がこれでもかこれでもかと毎日のように流されています。まるで日本人は食べることしか考えていない民族だと誤解されそうなくらいです。しかも、家庭においては、手づくりでなく出来合いの食品を買わされ、食べさせられているといった感じです。欧米諸国の食文化はとても質素です。「外食産業」に頼るのではなく、家庭で食べる手づくり料理がメインです。また、隣人・知人を呼んでのホームパーティが、豊かな社交空間をも支えています。近年の日本社会は、「食」においても〈単身者主義〉化が進行していることがわかります。

最後の「衣」については評論家犬養道子さんの『セーヌ左岸で』の一節が、「衣」の消費に対する貪欲さの面から日本人の「生き方」（ライフスタイル）の特徴を的確に物語ってくれています

――「フランス女のおしゃれは一級のものだと感心する。が、その『一級』は、衣の数を多くもっている意味での『一級』でないことは、もうおわかりであろう。もし衣装もちすなわちおしゃれなら、日本の女にまさるおしゃれ者は世界ひろしといえどないわけで、国連の統計によると、日本女の衣装数は、五ないし六パーセントのわりで第二位のアメリカをひきはなし、第一位なのである！（ただし、横道にそれるが、住となると日本人の住は、たちまち、二十位以下におっこちる！）〔中略〕パリ女のおしゃれは、手持のものを、自分にあわせて大切に、手間を惜しまず手間をかけて着る、ことを第一とするのである」(23)。フランスのショップでブランド物を大量に買い漁る日本人観光客の姿がしばしばテレビなどに映し出されますが、本家のマドモアゼルは、良いものを長く大事に着るのだそうです。

以上、「住」「食」「衣」の順で日本人の「生き方」（ライフスタイル）を見てきましたが、こうして眺めると、日本人にとってその価値序列はやはり〈単身者主義〉に基づいた「衣」「食」「住」の順であるようです。

人々の働き方

では、「生き方」（ライフスタイル）に関わるもう一つの重要な要素、「働き方」においてはどうでしょうか。ここではドイツ社会と比較してみましょう。ドイツ社会の研究者、高橋憲さんは次のように述べています――「ドイツ人は執念を燃やすように、労働時間の短縮を実現してきました。

二〇〇〇年の統計によれば、旧西独地域で週三六・七時間、旧東ドイツ地域で週三八・七時間労働となっています。また一九九七年度の労働省の『労働白書』にもとづき、日独の年間労働時間を比較すれば、ドイツは一五二二時間、日本は一九九六時間です。このようにドイツは、日本より約二カ月短い労働にもかかわらず、高い国民総生産（GDP）を維持しているのは驚異的といわざるをえません。〔中略〕ドイツ人は、早朝から黙々と仕事に専念して、四時ないし五時の定時に仕事を打ち切り、残業はよほどのことがないかぎりしません（ただし管理職は別）。残業も社内の労働評議会の承諾が必要だからです[24]」（各国の年間労働時間〔二〇一〇年〕については注37参照）。

高橋さんによれば、ドイツ人に「あなたは何のために生きているのか」と問うと、多くの人は「自分の人生を楽しむために生きている」という答えを返してくるそうです[25]。家族と共に過ごす休暇を楽しみにし、それをとりわけ大切にするがゆえに仕事をしている、そう考えている人が多いということです。

それに対して、日本のサラリーマンは「会社人間」と呼ばれるように、人生の中で会社生活の占める割合が圧倒的に高く、毎日遅くまで残業し、休日出勤さえ当然のように行なっています。近年では低賃金、「過労死」（後述）など、企業による使い捨て的な「働かせ方」が問題となっていますが、「会社人間」という言葉そのものが一つの文化として社会的に容認されているところにも、「普通でない」日本社会の姿がくっきりと浮かび上がります。おそらくドイツ人から見れば、こうした日本人の「生き方」（ライフスタイル）は信じられないものではないでしょうか。

ヴァカンス

次の一節は『世界の歴史と文化　フランス』という本からの引用です――「フランス人が命がけで守る神聖な権利が二つある。『自由』と『ヴァカンス』だ。自由は大革命によって、ヴァカンスは一九三六年の人民戦線の勝利によって、民衆が力で勝ちとった。第二次大戦前のヴァカンスは二週間だったが、五六年にはさらに一週間が追加され、六九年からは年間二四日に延長され、現在は多くの人が年間五週間の有給休暇を楽しんでいる。さらに年間一三日の祝日があるから、市民たちは夏は海辺、冬はスキーと、存分に『生きる喜び』を満喫する(26)」。

表　日本と欧米給休暇比較表

	平均給付日数	平均取得日数	消化率（%）
フランス	37.4	34.7	93
スペイン	31.9	28.6	90
デンマーク	29.2	26.9	92
イタリア	32.3	26.5	82
ノルウェー	27.7	25.6	92
イギリス	27.9	25.5	91
ドイツ	27.6	25.5	92
スウェーデン	27.4	24.2	88
カナダ	19.7	17.5	89
オーストラリア	20.0	16.5	83
アメリカ	16.9	14.0	83
日本	16.6	9.3	56

出典：エクスペディア「有給休暇調査　2010」より。

世界最大の旅行予約サイト「エクスペディア」の二〇一〇年の調査データを見ると、日本と欧米各国の有給休暇の平均給付日数、平均取得日数、その消化率は表のようになっています。日本は平均給付日数が一二カ国中最低で、しかもその消化率はわずか半分程度の五六%にとどまります。これに対し欧米諸国の消化率はすべて八〇%を超えています(27)。

欧米諸国がこうした休暇を取れるのは、「ＩＬ

〇一三二号条約にある『休暇の一回は連続した二労働週とする』も批准済みか、批准していなくても実態がそれと同等以上になっている」(28)からです。とすると、有給休暇を連続して二回取れば「連続した四労働週」となるわけで、つまり連続四週間の休暇が保証されることになります。週休二日制なら有給休暇は一週間で五日、四週間で二〇日という計算です。このＩＬＯ（国際労働機関）一三二号条約によって、「夏休みは三～四週間などが当たり前となる。週五日で考えれば、四週間休んでも二〇日しか（！）消化できな(29)」いほどの有給休暇が保証されているのです。

残念ながら日本はこのＩＬＯ一三二号条約を批准していません。日本の場合は、年休は主に「風邪をひいた」ときに使われます。(30)フランスのようなヴァカンスを日本人が手にするためには、それこそ民衆が革命的な行動でも起こさない限り、獲得できそうにありません。

ところで、人々がこのように長期の有給休暇を取ってしまったあとの職場はどのような状態になるのでしょうか。人々の日常的な消費生活に、支障は来たさないのでしょうか。先ほどの『世界の歴史と文化　フランス』では次のようにレポートされています――「八月のヴァカンス最盛期には、パン屋、レストラン、新聞のキオスクまで相次いで店を閉じてしまう。不便きわまりないが誰も文句を言わない。完全に操業を一カ月間停止する工場も少なくない。ヴァカンスは法律で決められており、大統領から道路の清掃労働者まで休むことを義務づけられているのである。まさに『国家的年中行事』なのだ(31)」。

ヴァカンスを国民の権利、また義務として考えるフランスの人々は、「お互いさま」の感覚でこのヴァカンスを調整し合い、享受しているようです。ワーカホリック（働き中毒）の日本人の感覚からすると、まさに別世界と言えます。

過労死

「カラオケ」「アニメ」「カミカゼ」など、世界の共通語になった日本語は数多くありますが、「カローシ」もその一つです。

過労死の問題には、常に、「鶏（社員を死ぬまで働かせる会社の存在）が先か、卵（会社主義の日本人の生き方）が先か」という側面が付いてまわっているように思います。つまり、日本人個人の生き方（ライフスタイル）として会社本位に生きるという「卵」の側面と、会社がそうした個人の意識を利用して社員をいいように働かせるという「鶏」の側面です。それはコインの裏表とも言え、過労死するまで働かせる企業も企業ですが、ワーカホリックな日本人の意識にも大いに問題あり、ということです。

東京新聞は二〇一二年七月に「過労社会―止まらぬ長時間労働」という特集を二回にわたって行ないました[32]。この特集には「東証一部上位一〇〇社の三六協定の残業上限時間（月間）」が載っています。周知のように労働基準法に定められた労働時間は一日八時間、週四〇時間ですが、日本には「時間外労働・休日労働に関する協定」（三六協定＝労働基準法第三六条）があります。企業は労使交渉で書面を交わし、これを労働基準監督署に提出すれば、定められた労働時間を超えて従業員を働かせることができます。東京新聞の特集は、「東証一部上位一〇〇社の三六協定の残業上限時間（月間）」とともに、「三六協定」で定められた上限（月四五時間、年三六〇時間）を超えて「過労死基準以上」（月八〇時間以上）の残業を認めている（労働基準法特別条項に基づく）企業名もあげています。そこでは、有名企業が軒並み過剰な残業を取り決めている実態が明らかにされています。

東京新聞が調べた上位一〇〇社の月平均残業時間は約九二時間でした。なかには、時間外勤務を何と月二〇〇時間としている企業もありました。月二〇〇時間ですと、土日等の休日はほとんどなくなってしまうでしょう。しかもここで注意しなければならないのは、これはあくまで「法定」の残業時間であることです。日本にはこの他に「サービス残業」というものがあります。サービス残業時間は右の調査データには含まれていません。ちなみにスウェーデンの時間外勤務の上限は年二〇〇時間です[33]。月二〇〇時間ではありません。これと比較すれば、日本社会が一目瞭然に「過労死」社会であることがわかります[34]。

こうした日本の「過労死」社会は、経営者側だけでなく、労働者側によっても支えられています。近代から続く日本人の〈単身者主義〉的な生き方（ライフスタイル）は、欧米の人たちのように「会社から距離を置き」「自己の生活、趣味などに生きがいを求め」「地域活動や社会・政治活動に積極的に参加する」生き方（ライフスタイル）とは正反対のものです。

「帰宅拒否症候群」という言葉があります。家庭を持った「モーレツサラリーマン」の代名詞でしょうか。「会社人間」であれば、当然のことながら家庭での居場所がなくなっていることでしょう。家に帰っても妻や子どもたちが相手にしてくれないということで、仕事もないのに会社に残ります。定時になっても残っていれば、新人や後輩も上司の目が気になり、帰りにくくなってしまうでしょう。「帰りに一杯」などと誘われれば、容易に断ることもできません。このような雰囲気で育った新人はこうしたカルチャーを引き継ぎ、やがて後輩にも同じことを繰り返すようになるでしょう。これではいつまで経っても〈単身者本位社会〉を改善することはできません。経営者側も労働者側も、この〈単身者本位社会〉を問題にしていかなければ、日本社会の「過労死」問題も、根本解決には向かわないと思います。

孤独死

二〇一三年一二月三〇日付の朝日新聞「ルポルタージュ現在―また誰か亡くなった」によると、二〇一二年には東京二三区で四四七二人が「孤独死」しているということです。平均すると毎日平均一二人ほどになります。この紙面では東京都監察医務院による定義を用いて、「孤独死」を、「一人暮らしの人が自宅で死亡し、死因がはっきりしないケース」と説明しています。東京二三区だけで「孤独死」四〇〇〇人以上ということは、日本全体ではどれほどの数にのぼるでしょうか[35]。日本の自殺死亡者数は年間で三万人前後ですが、それに匹敵する深刻な数字になるかもしれません。

本書「序」で触れたＮＨＫ「無縁社会プロジェクト」取材班編『無縁社会』[36]の「無縁死」三万二

〇〇〇人というのは、「誰にも引き取られない遺体」が税金で火葬・埋葬された数で、その内容は「身元不明の自殺と見られる死」「行き倒れ死（行旅死亡人）」とのことです。「住居にて発見された場合」も「行旅死亡人」の中に入りますので、この書の「無縁死」の主たる意味は「住居にて発見された『孤独死』のうち、誰にも引き取られないケース」ということになるのでしょう。『無縁社会』では、この三万二〇〇〇人の身元はそのほとんどがあとで判明されたと書かれていますので、「無縁」の問題は、むしろ「引き取り拒否」の問題であるとも言えそうです（後述）。

「孤独死」という言葉は今のところ「カローシ」のように世界の共通語にはなっていないようです。しかし、私は早晩この日本語も世界で通用する言葉になるように思えてなりません。もちろんそれはゆゆしき問題です。

欧米社会に「孤独死」はあるのでしょうか。そんな問題関心で資料や報道を見ているのですが、なかなか事例が見あたりません。(37) 年間労働時間の長さの点で人々の〈単身者主義〉化が進んでいると思われるアメリカならそうした事例を発見しやすいと思い、調べていたところ、最近まったく逆のレポートにめぐり会いました。それはアメリカ社会に詳しいフリージャーナリスト、矢部武さんが書いた『ひとりで死んでも孤独じゃない―「自立死」先進国アメリカ』という本です。

矢部さんがこの本で指摘しているのは、欧米諸国でも単身世帯はかなりの数にのぼっているが、それが日本のような「孤独死」には結びついていないということです――「二〇一〇年のOECD調査では、単身世帯の割合は日本二九・五％に対し、ノルウェー三七・七％、フィンランド三七・

三％、デンマーク三六・八％である。しかし、これらの北欧諸国で独居者の孤立や孤独死が深刻な社会問題になっているという話は聞かない。〔中略〕ニューヨークのマンハッタンでは全世帯の半数以上が単身者だが、私が取材した限りでは住民の多くは孤立していない。〔中略〕米国でも単身世帯が増加し、一人で亡くなる人は多いが、日本のような孤独死はほとんど聞かない」[38]。マンハッタン――アメリカを代表する大都会――でさえ住民は孤立せずに暮らしているというこの矢部さんの報告には驚かされました。

では、なぜ世界に名だたる格差社会のアメリカで「孤独死」がほとんど見られないのでしょうか。矢部さんは二つの理由をあげています。一つは、日本に比べると「別居子の接触頻度」が高いこと、もう一つは、単身世帯に対する「公的支援」や「民間ボランティア」が充実していることです。

個人の自由・自立という価値観が根強く、子どもに老後の世話を求める気風がないアメリカ人も、家族の紐帯ということでは密接に関係を保ち続けているのだそうです。矢部さんはまず、別居子について、八五歳の老母のために「一日おきに様子を見にくる」既婚の長男の例[39]や、八三歳の老母のために「時々ドアを開けて様子をみたり、料理を持ってきたり」する離婚した娘の例[40]などをあげています。アメリカにこうしたカルチャーがあることを意外に思われる方もいるかもしれませんが、実はアメリカは欧州諸国と比べても「別居子の接触頻度」が高いのです。内閣府の国際比較調査は次のような数字をあげています[41]。「毎日」もしくは「週一回以上」の頻度で高齢の親と接触している別居子の割合は、日本の五二％に対し、ドイツは六二・五％、スウェーデンは八〇・二％、アメリカは八一・四％です。アメリカは調査対象国中、一番高い数字になっています。一方、接触頻度が「年に数回」もしくは「ほとんどない」と答えた人の割合は日本の一八・一％に対し、アメリカは七・四％です。日本の別居子の五人に一人は年間を通じてほとんど老親に会っていないということになります。第2章で見るように、日本では地方から都会へ単身で移り住む人が少なくないので、「会いたくてもなかなか会えない」というケースも少なくないでしょう。いずれにせよ、電話等による接触すら途絶えているケースがあるとすれば問題はより深刻で、「孤独死」はこうしたデータの先にあるものと考えることができます。

前述の『無縁社会』では、「無縁死」の遺体の「引き取り拒否」という実態が報告されています(42)。東京都足立区の福祉管理課では、一人暮らしの人が亡くなると、遺体の引き取り手を探す作業自体が簡単にはいかず、ようやく親族がわかっても、「引き取り拒否」をされる場合が多く、そうしたケースが近年急増しているということです。

さて、アメリカに「孤独死」が少ない理由として矢部さんがあげている二番目のものは、単身世帯の孤立を防ぐ数々の「公的支援」「民間ボランティア」が充実していることです。高齢者向け配食サービス、高齢の独居者専用アパートの提供、生活困窮者のための食料配給支援など、常日頃から単身世帯との接触が福祉行政や民間ボランティアによって行なわれているそうです。また、生活保護の受給条件も日本よりゆるやかだということです。つまり、このような社会福祉的環境のもとでは、たとい自宅で一人で亡くなったとしても、日本のように長く発見されることなく遺体が放置されるようなことはないのです。家族や公的支援、民間ボランティアに見守られながらの自立的な生活によって訪れた「独居死」は、決して「孤独死」ではなく、矢部さんの本の副題が示すように、それは尊厳を持った「自立死」とでも呼ぶべきものなのでしょう。

ところで、福祉制度がどんなに充実していても、社会の受け皿が十分でないと、それを生かすことはできません。つまり、受益者をとりまくコミュニティがしっかりしていなければ、形だけのものに終わってしまいます。この点でも、日本はたいへん頼りない状況にあるようです。「社会的孤立度」というＯＥＣＤが行なった二〇〇五年の調査(43)では、「友人・同僚・その他宗教・スポーツ・文化グループの人と全く、あるいはめったに付き合わない」と答えた人の割合が、アメリカ三・一％に対し、日本は一五・三％です。ＯＥＣＤ諸国の中で最も高い数値でした。

この点では、矢部さんが引用しているデータにも重要なものがあります。それは、日本では「近所の人たちに物をあげたり、もらったりする」習慣を持つ人が五一・六％もいるのに、「近所の人たちと病気の時に助け合う」習慣を持つ人となると、わずか九・三％まで落ちてしまうというものです。アメリカでは、前者は二一・八％と少ないのですが、後者は日本の四倍、三六・二％になるのだそうです(44)。つまりアメリカでは、こうした近隣同士の助け合いという風土の上に、国家や州の公的福祉政策や民間ボランティアによる支援が乗っていくのです。そして同時に、こうした風土の上に、人々の自発的なコミュニティも形成されていくのです。

矢部さんはそんなコミュニティづくりの例として、最近アメリカで注目されている集合住宅「コーハウジング」を紹介しています。[45]「コーハウジング」とは、単身世帯も家族世帯も共に協力し合って生活する集合住宅のことです。ここに住む人々は、住まいの管理運営を住宅管理会社ではなく自分たちで行ない、キッチン・洗濯室・エクササイズ室・ゲストルーム・ワークショップ室などを共有して生活しているそうです。その数は、二〇一一年四月現在、一二四カ所を数えるといいます。[46]そこに見られるのは、上からの施策を受動的に受け入れるのではなく、普通の人々が共同で主体的にコミュニティを形成していくという能力です。「老いては子の世話にならず」という人がほとんどの「独立心」の強いアメリカ人も、「孤立」して生きられるなどとは考えていません。夫婦で老後を迎え、伴侶に先立たれても、コミュニティをきちんと形成し助け合って人生を乗り切ろうという姿勢がこの「コーハウジング」には表れています。

日本でも、ルームシェアやコーポラティブハウス、コミュニティカフェなど、同様の視点を持つ住宅プランが注目され始めています。また、現代の都市コミュニティを研究する建築家、山本理顕さんは、「一住宅＝一家族」という孤立的で自己完結型の住宅から、地域単位で一つの生活圏を形成する「地域社会圏」という構想に基づいた集合住宅のあり方を提案しています。[47]日本でもようやくこうした形でのコミュニティづくりの動きが起こってきました（日本人のコミュニティ形成能力の歴史的な側面については、次章であらためて触れたいと思います）。

以上、常日頃私が、日本社会が「普通でない」と感じる九つの点（政治面では「食糧自給率の低さ」「政治家の家族関係」「家族関係社会支出の低さ・子どもの貧困問題」「自治体の数の少なさ」の四点、生き方（ライフスタイル）の面では「衣食住という順番」「人々の働き方」「ヴァカンス」「過労死」「孤独死」の五点）について、〈単身者主義〉との関係から考察してきました。こうした話を若い人たちにすると本当にびっくりするようです。そして、「どうしてこんな社会になっているのですか」と聞かれます。そう聞かれたとき私は、「日本社会は他の諸国と比べて、近代以降、家族やコミュニティ、地方よりも、会社や国家を大事にする歴史を歩んできたからです」と答えます。第2章ではそうした近代日本の歩みをたどっていくことにしましょう。

注

（1）農林水産省『知ってる？　日本の食料事情』（農林水産省サイト　二〇一五年三月アクセス）。

（2）日本経済新聞の「私の履歴書」は一九五六年三月一日から現在まで続いている同紙の看板長寿コラム。連載記事は再編集され単行本も数多く出版されている。

（3）同右、「私の履歴書（ジョージ・W・ブッシュ）」（二〇一一・四・四「ローラ　出会って数カ月で結婚妻と娘の存在に禁酒誓う」／二〇一一・四・五「下院選『伝統』の落選、次への糧　選挙区回りがハネムーン」）。

（4）同右、「同（トニー・ブレア）」（二〇一二・一・二二「イラク開戦　国際社会結束に全力　内外で反対論、強い孤立感」）。

（5）同右、「同（トニー・ブレア）」（二〇一二・一・五「司法修習時代　初仕事、怒鳴られ学ぶ　シェリーと知り合い結婚」／二〇一二・一・一七「家族との生活　二週間の産休を取得　未成年の長男、飲酒し逮捕」）。

(6)同右、「同（森喜朗）」（二〇一一・一一・三一「実現したい東京五輪　ラグビーWカップを推進」）。
(7)海部俊樹『政治とカネ―海部俊樹回顧録』（新潮新書　二〇一〇「あとがきに代えて」一八八頁）。
(8)厚生労働省「各国の家族関係社会支出の対GDP比の比較（二〇〇七年）」（『平成二四年版　厚生労働白書』二〇一二）。
(9)内閣府「子どもの貧困」（『平成二六年版　子ども・若者白書（全体版）』第三章第三節　二〇一四年六月）。貧困率上位九カ国は上からイスラエル、トルコ、メキシコ、チリ、アメリカ、スペイン、イタリア、ギリシャ、ポルトガルの順。
(10)神島二郎『日本人の結婚観』（筑摩書房　一九六九　一〇〇頁）。
(11)宮本みち子・善積京子編『現代世界の結婚と家族』（放送大学教育振興会　二〇〇八　一〇四頁）。
(12)同右、一〇四頁。
(13)朝日新聞（二〇一四・七・二六）。
(14)石井圭一「フランスにおける町村制度と農村振興政策」（農林水産政策研究所『農村経済活性化プロジェクト研究資料第五号』二〇〇三　一〇四頁）。
(15)奥島孝康・中村紘一編『フランスの政治』（早稲田大学出版部　一九九三　八二頁）。
(16)石井、前掲論文、三頁。
(17)吉岡正彦「オーガニックな県土づくり」（ふくしま自治研修センター　ネット掲載コラム　二〇一四年四月アクセス）。
(18)辻中豊編『現代日本のコミュニティ：多様性と12類型分析：二〇〇六‐七自治会全国調査からの分析』（新コミュニティあり方研究会　二〇〇八・七・二四）の資料「規模①自治会の多様な規模」によると、日本の自治会規模の平均値は二二八・九世帯、中央値は一〇七世帯、最頻値は四〇世帯となっている。
(19)毎日新聞（二〇一一・六・一六「フランスに根付くコミューン」）。

(20) U.S. CENSUS BUREAU, "Government — Government Organization", *Census of Governments VIII*, 2002.
(21) 井形慶子『古くて豊かなイギリスの家—便利で貧しい日本の家』（新潮文庫　二〇〇四）。
(22) ロバート・フォーチュン『幕末日本探訪記—江戸と北京』（三宅馨訳　講談社学術文庫　一九九七）。
(23) 犬養道子『セーヌ左岸で』（中公文庫　一九九〇　六七～六九頁）。
(24) 浜本隆志・高橋憲『現代ドイツを知るための55章』（明石書店　二〇〇二　二八一～二八二頁）。
(25) 同右、一二〇頁。
(26) 清水徹・根本長兵衛監修『世界の歴史と文化　フランス』（新潮社　一九九三　三八頁）。
(27) エクスペディア「有給休暇調査　二〇一〇」（二〇一三年一〇月アクセス）。
(28) 小倉一哉「日本の長時間労働—国際比較と研究課題」（『日本労働研究雑誌』No.575　二〇〇八年六月号　九頁）。
(29) 同右、九頁。
(30) 川口マーン恵美『住んでみたドイツ—8勝2敗で日本の勝ち』（講談社　二〇一三）。同書七八頁以降には「風邪で年休を使う」話で親子が言い争う面白いエピソードが書かれている。
(31) 清水ほか監修、前掲書、三九頁。
(32) 東京新聞（二〇一二・七・二五／七・二七「過労社会—止まらぬ長時間労働」）。
(33) 宮本ほか編、前掲書、一一一頁。
(34) 同右書では、就労者の帰宅時間について日本社会とスウェーデン社会を比較し、こう論じている——「〔スウェーデンでは〕三歳以下の子どもをもつ就業者の平均帰宅時間は、女性は一六時二七分、男性が一七時一六分、〔中略〕四歳未満の子どもがいる就労者の日本での平均帰宅時間（一九九九年）は、女性で一八時三六分、男性で二〇時五二分と男女差が顕著なだけでなく、スウェーデンとの差は歴然としている」（一一一～一一二頁）。就労者の帰宅時間を見ると、日本社会がいかに会社本位にできているかがよくわかる。

(35)「孤独死」の定義自体がさまざまで、全国的な調査は行なわれていないが、ニッセイ基礎研究所、廣渡健司主任研究員は、「孤立死のリスクと向き合う」(『ニッセイ基礎研REPORT』冊子版　二〇一一年六月号)において、東京二三区の発生確率を全国市町村の死亡数に掛け、全国では死後二日以上経って発見される死者が二万六八二一・三人、同四日以上で一万五六〇三・〇、同八日以上で八六〇四・九人、計五万一〇二九・二人と「推計」している。
(36)NHK「無縁社会プロジェクト」取材班編、本書「序」の前掲書。
(37)OECDの二〇一〇年時点のデータでは、アメリカの年間労働時間は一七八七時間で韓国(二一九三時間)やロシア(一九八一時間)などに次いで多い。ちなみに日本は一七二八時間、イギリス一六四四字時間、スウェーデン一六二五時間、フランス一四七六時間、ドイツ一四一三時間、オランダは一三七九時間となっている(OECD調査　二〇一二・七・一一)。
(38)矢部武『ひとりで死んでも孤独じゃない――「自立死」先進国アメリカ』(新潮新書　二〇一二　七～八頁)。
(39)同右、二〇頁。
(40)同右、二一～二二頁。
(41)内閣府「平成一七年度　第六回国際比較調査結果　高齢者の生活と意識」(二〇〇五)。
(42)NHK「無縁社会プロジェクト」取材班編、前掲書、七二頁。
(43)OECD「社会的孤立の状況」(OECD調査、二〇〇五)。
(44)矢部、前掲書、一六五頁(矢部の引用は、内閣府「平成二二年度　第七回高齢者の生活と意識に関する国際比較調査」二〇一〇に基づく)。
(45)同右、第六章。
(46)同右、一五〇頁。
(47)山本理顕・上野千鶴子・金子勝ほか『増補改訂版　地域社会圏主義』(LIXIL出版　二〇一二)参照。

第2章

なぜこういう社会になったのか

——〈単身者本位社会〉の形成

〈単身者文化〉の象徴。ギラギラネオンの都会の歓楽街は、モーレツサラリーマンに「うたかたのやすらぎ」を与えてきた（東京・新宿歌舞伎町）。

「富国強兵」から「経済成長」にいたるまで異常なスピードでこの国が発展できたのは、こうして国民一人一人の達成をみごとにすくいあげてたくみにつかいすてにできたからです。〈中略〉してみれば、この国百年の発展の秘密は単身者本位の体制にあったといえないでしょうか？

（神島二郎『日本人の結婚観』筑摩書房　一九六九　一〇六〜一〇七頁）

この章では、近代日本が家族やコミュニティよりも、会社や国家を大事にしてきた（＝〈単身者本位社会〉を形成してきた）という歴史過程を見ていきます。近代と言っても、明治維新からもう一五〇年近く経っています。あまりにタイムスパンが長いので、戦前と戦後に分けてまとめてみましょう。

一　戦前における〈単身者本位社会〉の形成

人々が都会に出てくる「出方」

日本の近代国家は、地方から大量の人々が中央に出てきて、その人たちが新しい産業や行政、軍事に従事することによって形成されました。地方から都会に出てきたのは、主に大家族から離脱した次男・三男の「独身者」の男性でした。彼らは都会に出て、会社や官庁で猛烈に働きました。彼らが猛烈に働いた動機の一つに、「故郷に錦を飾る」といった言葉に表れている「立身出世主義」がありました。

ちなみに、この「立身出世主義」は一九五〇年代半ば（昭和三〇年頃）に始まる高度経済成長期以降、「立身」の言葉が消え、単に「出世主義」というういい方になっていきます。(1)「出世」という言葉は、「世の中に出て立派な地位・身分となること」（広辞苑）ですが、これとセットになっていた「立身」には、当初、封建的身分社会から離脱し自己を確立する、という意味がありました。(2)時代を経て、「身分社会を超えて新しい時代を作る」という社会的気風がなくなり、それに付随していた道徳的な色彩も弱くなっていくと、「出世」が自己目的化していきます。「立身」と「出世」は言葉として次第に切り離され、「出世」だけが残り、その意味は、既成体制の中の「地位・身分の上昇」という一元的なものになっていったのです。戦後この傾向はますます強くなり、高度経済成長期に入って以降は、「出世」が「立身」という言葉とセットであったことなどまったく忘れ去られてしまいました（前章の「政治家の家族関係」のところでは、「偉い人」イコール「出世した人」と定義しましたが、それは当世の日本の「成功者」に対していささか皮肉を込めて述べたものです）。近代日本における「（立身）出世主義」は稿をあらためて論じなければならないほど重要な問題を含みますので、本書では深入りしないことにいたします。

さて、近代日本において、人々が都会に出てくる「出方」ですが、同じ近代化の過程でもアメリカやイギリスの場合とは異なります。アメリカの場合、その建国は祖国イギリスを追われたピューリタン（清教徒）による教会単位の移住によって行なわれましたから、「独身者」が大量に新天地に押しかけたわけではありませんでした。むしろ、彼・彼女らは新天地でしっかりとしたコミュニティを形成しました。その様子については、フランスの思想家A・D・トクヴィル（一八〇五～五九）の著作『アメリカの民主政治』（全二巻　一八三五・四〇）等で明らかにされているところです。(3)

また、イギリスの場合は、同国出身の思想家トーマス・モア（一四七八～一五三五）が『ユートピア』（一五一六）で描いているように、農民は囲い込み運動で「家族的」「階級的」に農地を追われましたから、(4)都会に出てきてからも、やはり家族的にまとまり、階級的に結集しました。(5)

しかし、日本は違います。近代日本においては、都会に出てきたのは「独身者」の男性で、彼らは頼る家族もコミュニティもないまま、それに代わるものとして会社や国家あるいは軍隊に「単身」で関わり、生きがいと忠誠を投入していきました。近代日本において会社や国家や軍隊が国民のエネルギーを大量に引き出していった秘密はここにあったのです。

「単身者」の集まった都会では、〈単身者文化〉が花開きます。前章で取り上げた「衣食住」という価値序列の文化です。都会において、家族もコミュニティも持たない「単身者」は、昼間は会社や官庁で猛烈に働きます。働いたあとは、都会の歓楽街に繰り出します。行きつけの店で腹ごしらえをし、バーや居酒屋でお酒を飲み、遊郭で一日の気晴らしをします。そして、疲れて帰る先は誰も待たないさびしい一人住まいのアパート、宿舎というわけです。

〈単身者文化〉の担い手は何も「独身者」に限ったことではありません。妻帯していても、亭主は職場から行きつけの料亭に直行し、深夜そうっと帰宅して裏木戸から自室の布団にもぐり込みます。家庭は寝に帰るだけの場です。こうしたことを続ければ、放蕩の果てに家庭崩壊、一家離散ということにもなるでしょう。〈単身者文化〉は、享受しているときは楽しいのですが、その末路は悲惨な場合もあるのです。

経営家族主義と企業別組合

このように、〈単身者文化〉は「うたかたのやすらぎ」を与えますが、それは本来の家族やコミュニティから得られるやすらぎとはかなりかけ離れており、精神的に十分なものではありませんでした。もし欧米の人たちが同じ立場なら、こうした状況を避けるために、コミュニティや教会に集い、組合や市民的集団を作って対応するところですが、日本の場合はコミュニティの基礎的単位がそもそも脆弱になっていましたから、その代わりとして企業、国家、軍隊が「やすらぎ」の場を提供して労働環境の改善を行ない、社員や国民の忠誠を獲得していくことになりました。それは、社員や国民からみれば「与えられた」改善ということになります。

本書「序」で触れたように、国家レベルの擬制的家族は「家族国家観」というイデオロギーによって、教育等を通じて作られました。一方、日常レベルでの擬制的家族は企業や役所や軍隊という職場を通じて作られました。人々はそれによって幻想としての家族的やすらぎを得て、明日への活力を養ったのです。

企業が家族の役割を担ったことは、「経営家族主義」や「温情主義」という言葉に表れています。「経営家族主義」の草分けは「鐘淵紡績株式会社」（鐘紡）であったと言われています。「鐘紡」は、一八九四（明治二七）年に実業家、武藤山治（一八六七〜一九三四）が経営に加わることで多くの改革を成し遂げました。この改革でとくに注目されたのが「経営家族主義」と「温情主義」に基づく福利厚生事業です。[6]「私は、着々私の不断抱いてゐた従業員の幸福増進のため色々の設備を実行し始めました」「此間実行しました件数だけでも、明治三十五年五月六日乳呑児を持つ女工手のため乳児傳育所を設置したのを初めとして三十九件の多きに達し」と武藤は語っています。[7]ただし、こうした「温情主義」的な職場改善は、従業員が主体的に団結し改善するものではありません。上からの「温情」が降りてこなければ、自然に立ち消えになるような「あなた任せ」の改善策でした。

ところで、近代日本における労働環境の改善は、こうした「温情主義」的な「上から」の方向のほかに、労働組合運動のような「下から」の方向のものもありました。戦前における労働組合運動には硬軟さまざまなものがありました。しかし、いずれも「企業別組合」という会社中心的な性格を超えられず、働く人々が結集する社会横断的な組織を作ることはできませんでした。政治学者の高畠通敏（一九三三〜二〇〇四）は、こうした労働組合運動を含む大衆運動の脆弱さを「粘土の足」という言葉で形容しました。[8]アメリカの経営学者ジェームズ・アベグレン（一九二六〜二〇〇七）

は、戦後の日本企業の発展理由を分析し、「日本的経営」の三つ特徴を摘出しましたが、そのうちの一つとしてあげたのが「企業別組合」です（他の二つは、今もおなじみの「終身雇用」と「年功序列」です）。この「企業別組合」という特徴は戦前から形成されていたものでした[9]。

このように、「経営家族主義」も「企業別組合」も、近代日本における〈単身者本位社会〉の形成と深く関わっているのです。もし働く人々の間に家族やコミュニティを大事にする志向があったなら、働く人々自身による労働環境改善運動はもっと力を発揮できたことでしょう。たとい運動が挫折しても、家族やコミュニティのつながりは再出発の「拠点」になり得たからです。「大衆運動における『粘土の足』」の問題は、〈単身者本位社会〉が持つ脆弱さの問題としてとらえることができます。労働環境の改善を「働く当事者」の側から実現していくには、まずはそのバックボーンとなる「拠点」（＝家庭やコミュニティ）を育てていかなければならなかったのです。

コミュニティ形成能力の喪失

では、近代日本の都会においてはなぜ、前近代の村社会にあったようなコミュニティが形成されなかったのでしょうか。この問題を考えておきましょう。

都会に出てきた人々は、都会に自由な新天地を求めました。旧来の村社会にあった共同体的な束縛から解放されたいという思いもありました。都会にコミュニティが育たなかった背景には、そうした「自由」と「束縛」の問題があったことは確かでしょう。しかし、ここではその背景を、ちょっと違った角度から見ていきたいと思います。

じつは、都会においては、前近代の村とは別種のコミュニティが形成されていました。その一つが、町内会・自治会です。町内会・自治会は、日露戦争（一九〇四〔明治三七〕～〇五〔明治三八〕年）以降、本格的には大正期（一九一二～二六年）以降に形成されました。これがやがてアジア・太平洋戦争に向けての総動員体制の末端組織と位置付けられ、国家的に保護されていきました。(10) これを担ったのは、主に地元に根を張る工場主や自営業者の人たちです。その中には農村から出てきて都会に落ち着いた人々もたくさんいました（第3章参照）。

そしてもう一つ、これに加えて形成されたのがサラリーマンのコミュニティです。彼らサラリーマンは、都会においてどのようなコミュニティを作ったのでしょうか。

ここで、神島二郎はたいへんユニークな議論を展開します。それは〈第二のムラ〉という議論です。「生き馬の目を抜く」ような殺伐とした都会において、田舎から出てきた人々には当然、人のつながりという「やすらぎの場」が必要でした。そこで出てきたのが、初期においては「郷党閥」であり、追っては「学閥」であったのです。(11) 働く人々は会社等さまざまな組織の中で、出身県や出身大学が同じということで結束しました。神島はこの「郷党閥」や「学閥」を〈第二のムラ〉と名付けました。彼らはその「やすらぎの場」で、厳しい仕事の現実から一時的に逃避し、また出世の手がかりを求めたわけです。

神島によれば、近代日本人のコミュニティ形成能力は、こうした〈第二のムラ〉の形成という形で姿を現します。このコミュニティは、しかし秩序形成ということでは致命的な欠陥がありました。地域の生産活動には何ら寄与しない組織だったのです。つまり、「地域に根差して共同の利益を追求する」といった目標を持たない、いわば「観念的共同体」にしかすぎなかったということです。もちろん、そこでは福祉的な共助・公助等の発想など芽生えません。集いが終われば、みな個人に戻って会社や家に帰るのです。こうしてこのコミュニティは、〈単身者本位社会〉の中に図らずも生まれた「擬似共同体」として機能することになりました。

〈第二のムラ〉（＝「派閥」形成）によって培われたこのコミュニティ形成能力は、都会の人々が共同性を身につけるという点ではまったく資することがありませんでした。退職後のサラリーマンが近所や地域の人たちとつながる術を持てず、孤立するというのは、こうした背景の延長上にある問題です。戦後は、高齢独居者の「孤独死」という形でこの問題が露呈します。現在、「孤独死」が大きな社会問題となっていますが、その根源的な理由の一つは、都会のサラリーマンたちが家族やコミュニティを基盤とする共同性に関心を示さず、〈第二のムラ〉という「擬似共同体」しか作り得なかった明治近代にまでさかのぼることができるのです。

靖国神社の果たした役割

さて、近代日本においては国家も、人々に「やすらぎの場」を与え、国家への忠誠を引き出す「擬似共同体」的装置を作り出しました。それが靖国神社です。靖国神社は、幕末維新期に勤王殉国の、身元が判然としない死者の霊魂を祀った「東京招魂社」に由来します。しかし、明治国家はやがて、日本古来の祖先信仰に基づく各家々の「祭祀権」を無視し、戦争犠牲者を勝手に靖国神社に祀るようになりました。(12) 同時に、〈単身者本位社会〉の進行によって家々の「祭祀権」意識そのものも希薄化していきました。「死んで靖国に祀られる」という考えは、国家が家族に代わって戦没者を祀り、「英霊」として称えてくれるという意識を国民に植え付けました。それは、戦争犠牲者家族に対する「慰安」と、次なる戦争へ向かう「励まし」を与えることになりました。

かくして、近代日本における家族やコミュニティの衰退は、企業や国家による巧みな思想装置、すなわち、企業を家族とみなす「企業一家観」や、国家を家族に模す「家族国家観」によって促進されたわけです。そして戦前・戦中の日本人は、企業や国家を第一に考え突き進み、三〇〇万以上の戦争犠牲者を代償にして、ようやく敗戦を受け入れるわけです。戦後はこうした認識と反省から出発すべきでした。

市町村合併と氏神社の統廃合

一八八八（明治二一）年、「市制町村制」が公布されます。これにより、それまで七万一三一四あったとされる日本の集落（ムラ）は、国家経営上、分合合併を強引に推進され、翌一八八九（明治二二）年には市三九、町村一万五八二〇、計一万五八五九と、およそ五分の一の数の基礎自治体に統廃合されることになりました。

神島は、昭和期の農村・都市社会学者、鈴木栄太郎（一八九四～一九六六）の「自然村と行政村」という概念を使ってこのことの意味を明らかにしています。「自然村」とは、江戸時代の「旧村」にあたる自然発生的な部落・村落のことで、そこでは農民による自律的・自足的・扶助的な生活が行なわれていました。神島は、明治期に行なわれた分合合併がまず何よりもそうした村々の形成史を無視し、恣意的に行なわれたことを問題にします──「従来歴史的に形成されてきた村《ムラ》や町《マチ》を、行政上の必要からまったく恣意的に分合する」(13)。この「明治の大合併」は、小学校の設置や戸籍の処理の便宜上、一自治体の規模を「戸数三〇〇～五〇〇戸を標準」として進められたと言われています(14)。

こうした地理的な線引きとともに神島が問題にしたのは、この分合合併により、それまでの「自然村」における意思決定方式が強引に変更されたことです──「新しく合併してでき上がった町村の中に、地方自治制と称して、その意思決定機関に多数決制を導入する。従来、小さな村でやっていた意思統合の仕方は全員一致で、全員が納得した上で事を決めてきた。ということは、一人でも反対があれば決定できなかったということである。ところが、あらたに町村を合併した結果できた村《ソン》や町《チョウ》では、多数決で決める。つまり少数者の意見は切り捨てる。〔中略〕そこでは多数決で事が決められるようにする。こうして中央政府の指令に従って従順に動くムラビトをつくったのである。その結果、ムラは内から崩壊することになった」(15)。

しかもこの市町村合併には、コミュニティの破壊につながる重要な改編がともなっていました。「神社統廃合」です。一九〇六（明治三九）年一二月、「一町村一社」を原則に神社を統廃合する、「神社合祀令」が出されました。全国約一九万社あった神社のうち、最初の三年間で約四万社が取り壊されたと言われています。大正期に入った一九一九（大正八）年には約一二万社に激減しました。(16)民俗学者・博物学者の南方熊楠《みなかたくまぐす》（一八六七～一九四一）が、この「神社合祀令」に自然保護の視点から反対運動を起こしたことはよく知られています。この「神社統廃合」は、「自然村」における人々のつながり（＝社会的紐帯）の核にあたるものを奪いました。

このように、「行政村」化は制度的な「自然村破壊」であり、それにともなう「神社統廃合」は精神的な「自然村破壊」であったのです。

会社の仕事は価値が高く、家庭の仕事は価値が低いという考え方

戦前における〈単身者本位社会〉の形成要因をいくつかの角度から探ってきましたが、もう一つ、「会社の仕事は価値が高く、家庭の仕事は価値が低い」という、個人の内面レベルに生じた観念も、その崩壊に大きな影響を与えました。

近代以前の「家業」（一家が生活していくための仕事）においては、男と女の役割は明確に区別されていました。「おじいさんは山へ芝刈りに、おばあさんは川へ洗濯に…」といった家庭内分業の世界です。しかし、分業と言っても生活の場での役割分担ですから、そこでは互いに仕事や労働

を補い合う、いわば共同活動的な性格が基本になっていました。ところが近代に入ると、男たちはこうした「家業」から出ていき、「会社」に勤めるようになります。そして「会社」は「家業」の衰退を尻目に、国家の後ろ盾によってどんどん発展していきます。新しい産業が興り、「家業」が廃れていくと、家庭はいつのまにか会社で稼いだ賃金を「消費」する場となっていきました。人々は徐々に、会社の仕事は「生産の場」で価値が高く、家庭の仕事は「生産を支える場」で価値が低いものと考えるようになっていきました。

こうした現象を、日本に限らず近代社会の普遍的な問題として批判的に分析したのが、オーストリア生まれの哲学者イヴァン・イリイチ（一九二六～二〇〇二）です。会社の発展→家業の衰退→男性の賃金労働者化→女性の「専業主婦」化という近代化の過程は、会社＝「生産」の場、家庭＝「消費」の場という図式を作り出し、両者を切り離すことで成り立ってきたが、これが、家事労働（家庭の仕事）よりも賃金労働（会社の仕事）に価値を置く社会を作り出した――イリイチのこうしたとらえ方は、神島の〈単身者本位社会〉の分析と重なりますが、イリイチの場合は、ジェンダー（社会・文化的性差）の文脈でこの問題を明らかにします。つまり、賃金労働に価値を置く近代産業化社会では、男女の働き方の区別がなくなり、「性のないワーク（仕事）」が発生し、さらにその中で、「支払われるワーク」が支払いの良いワークと悪いワーク、あるいは権力を持つワークと持たないワークとに階層化されることで、家庭から社会に出ようとする女性たちを阻害していった、と分析します。しかも、こうして成立した近代産業化社会は「支払われないワーク」（＝「シャドウ・ワーク」）つまり女性たちの家事労働によって大きく支えられてきたと分析します。[17] イリイチの思想を日本に紹介した経済学者の玉野井芳郎（一九一八〜八五）は、これと同様の問題を近代日本社会の分析において普遍化した神島の〈単身者主義〉論を高く評価しています。[18]

このように、明治以降の近代日本は、企業や国家による制度的・精神的な働きかけと個人の内面レベルへの観念の植え付けによって〈単身者本位社会〉を作り上げ、家族やコミュニティの価値を破壊してきたのです。

二　戦後における〈単身者本位社会〉の形成

〈単身者本位社会〉は戦後においても総括されることなく継続されました。

戦後の復興は「焼け跡闇市」の助け合いから始まりました。日本の都市のほとんどは、アメリカ軍の空爆によって壊滅し、機能不全に陥っていました。日本国家は焼け跡に取り残された国民に何もしてくれませんでした。国民は自力で生活を立て直し、互いに支え合って這い上がっていくほかなかったのです。[19] ここに、これまでの〈単身者本位社会〉のあり方を見直し、変えていくチャンスがあったのですが、そうはなりませんでした。国家に代わって会社が人々の「中心」をなすようになったのです。人々は生活の立て直しのために必死で働きました。その手段となったのが「会社」

です。会社は戦前以上に人々がのめり込む対象となっていきました。「会社中心」の〈単身者主義〉的な生き方（ライフスタイル）は、今度は高度経済成長を支える原動力になっていったのです。

戦後、都市人口は飛躍的に増大します。一九五〇（昭和二五）年、三大都市圏（東京圏・名古屋圏・大阪圏）の人口は全国人口の三四・七％だったのですが、一九八〇（昭和五五）年には四八・九％になり、日本の人口の半数近くがこの地域に集中します。[20] 一九五〇年代半ば（昭和三〇年頃）から七〇年代半ば（昭和五〇年頃）にかけての高度経済成長期には、「金の卵」と呼ばれた地方の若者たちが、「集団就職列車」に乗せられ東京や大阪などの大都会に大量に送り込まれました。その一方で、若い労働力を失った農村では過疎化を急速に進めていきました。農・林・水産の第一次産業は衰退にまかせられ、日本は貿易立国として、資源を輸入し工業製品を輸出する一大工業国家へと変貌していきました。

都会には会社や官庁の立派な高層ビルが立ち並びました。一方、そこで働く人々の住まいは「ウサギ小屋」などと言われ、たいへん貧相なものでした。「焼け跡闇市」の助け合いから出発した戦後日本は、こうして会社中心・都会中心に発展することで、家族やコミュニティの再生という絶好のチャンスを取り逃がしてしまいました。

そうなった原因については、「家族」を人間解放や民主主義の妨げと見なす戦後「民主化」思想の普及にも見ることができそうです。次項ではこの点について少し触れておくことにしましょう。

戦後の民主化――川島武宜の民主主義論

戦後、日本社会が再出発をするとき、人間の解放や民主主義の構築にとって「家族」は妨げになるという考え方を広めた一人に、民法学者の川島武宜《たけよし》（一九〇九～九二）がいます。川島は、日本の戦前の家族制度を「封建的武士的＝儒教的家族」と「庶民家族」の二つに分けて問題にし、とくに「庶民家族」を「合理的自主的反省を許さぬ」ものとして批判しました。「庶民家族」のもとでは「何びとも個人として行動することはできないし、独立な個人としての自分を意識することはできない」というわけです[21]。川島の批判は厳しく、「長をとり短をすてる」といった「生やさしい」改革では「民主化」はなし得ないと、次のように「家族的生活原理」を「否定」しています。――「日本の社会は、家族および家族的結合から成りたっており、そこで支配する家族的原理は民主主義の原理とは対立的のものである。家族的原理は、民主主義の原理とはカテゴリーをことにするのであり、『長をとり短をすてる』というような生やさしいことで、われわれの家族生活および社会生活の民主化をなしとげ得るものでは決してないのである。まさにこの家族的生活原理こそ、われわれの社会生活の民主化を今なお強力にはばんでいるものであり、これの『否定』なくしては、われわれは民主化をなしとげ得ない[22]」。

神島はこうした川島の議論に猛烈に反論しました。反論のポイントは次の二点です。一つは、そもそも日本では戦前から「庶民家族」の崩壊は進んでおり、川島の言うような「家族的原理」に基づく社会的実態はすでに見られなくなっていたという点、もう一つは、川島の言う「封建的武士的

＝儒教的家族」においても、すでに戦前よりその崩壊が見られていたという点です。後者については神島の『近代日本の精神構造』において、〈一系型家族〉（長子単独相続制）から〈末広がり家族〉（分家相続制）への変化として分析されています。[23] 神島は、川島が類型化した二つの家族形態はいずれにおいても、まずは「戦前の家族制度の崩壊」を前提にして論じられねばならないとしたのです。

たしかに、戦前の天皇制ファシズム国家においては学校教育などで家長の絶対性が教え込まれていましたから、こうしたイデオロギーを「否定」すべきとする川島の議論は至極妥当でした。しかし、この文脈で日本社会の「家族的生活原理」そのものまで否定してしまうのは行き過ぎだったのではないでしょうか。いずれにせよ、「家族」は戦後日本の出発点において、川島ら戦後「民主化」思想を普及させようとした「近代主義」の人々によって、「絶対主義」や「封建主義」批判の文脈の中で否定的にとらえられることになりました。「産湯とともに赤子も流して」しまったのです。

戦後も継続的に行なわれた市町村合併

戦後、コミュニティも否定的なイメージを植え付けられました。一九四七（昭和二二）年五月三日のポツダム政令一五号（戦勝国による対日処理方針に基づく命令の一つ）によって、「町内会」「部落会」「連合会」等の結成が禁止されることになりました。これは、連合国（戦勝国）による日本の民主化政策の一環として取られた処置でした（禁止が解かれるのは一九五二〔昭和二七〕年のサンフランシスコ講和条約の発効を待たねばなりませんでした）。家族を超えた最初のつながりであるこれらの組織もまた、戦後の出発点において否定されてしまったのです。先に触れたように、戦時中、町内会などのコミュニティは戦争協力の末端組織と位置付けられていましたから、こうした処置はある意味ではわからなくもないのですが、民主主義を形づくる一番小さなコミュニティ単位を殺してしまっては、全体の民主化など実現するはずもありません。

こうした処置の上に、明治以来続く「行政村」的組織の分合合併が上から（中央集権的に）かぶさってきます。それは戦前以上に自治体の広域化を押し進め、自然的コミュニティ（自然村）を潰していくというプロセスでした。

「昭和の大合併」は二度の「促進法」によって進められました。一九五三（昭和二八）年一〇月施行の「町村合併促進法」と、一九五六（昭和三一）年六月施行の「新市町村建設促進法」です。先に見たように、「明治の大合併」では、それまで七万強もあった集落（ムラ）が一万五八五九市町村にまとめられますが、「昭和の大合併」では、一九五三（昭和二八）年に九八六八市町村、一九六一（昭和三六）年には三四七二市町村にまで縮小（つまり一自治体としては広域化）されることになりました。

さらに、一九六五（昭和四〇）年に制定された「市町村の合併の特例等に関する法律」（合併特例法）が一九七五（昭和五〇）年、一九八五（昭和六〇）年、一九九五（平成七）年と三度改正され、一九九九（平成一一）年には「『地方分権の推進を図るための関係法律』の整備等に関する法律」

の一部が施行されることで、この年「平成の大合併」が開始されます。この「平成の大合併」により日本の市町村数は、二〇〇五（平成一七）年には二三九五、二〇〇六（平成一八）年には一八二一、そして二〇一四（平成二六）年には一七一八（同年四月現在）にまでその数を減らすことになりました。

「平成の大合併」で市町村が激減したのは小泉純一郎政権（二〇〇一〔平成一三〕～二〇〇六〔平成一八〕）の時代です。同政権は郵政民営化など日本の社会構造を大きく変える政策を行なったことで知られていますが、この「平成の大合併」についても、私たちはしっかりと記憶にとどめておく必要があります。それは、日本の地域コミュニティ（＝社会的紐帯）をさらに徹底して破壊してしまったという意味においてです。

ここで、福島第一原発事故で甚大な被害を被ったコミュニティの一つ、福島県相馬郡飯舘村が経験してきた市町村合併をめぐる過程を紹介したいと思います。原発事故後、計画的避難区域に指定され、全村避難を余儀なくされた飯舘村は、「『平成の大合併』に背を向けて市町村合併に参加せず、補助金行政を選ばずに『大いなる田舎』を目指した村づくりに努めてきた[24]」村でした。「家族や地域社会から個人が遊離していく戦後日本に対して、アンチテーゼを世に問うていた、そんな村が、いま、目に見えない放射性物質のために地域社会解体の危機に瀕して[25]」います。

飯舘村は一九五六（昭和三一）年の「昭和の大合併」（飯曾村と大舘村の合併）で誕生しました。合併当初は旧村対立があり、一つの村としてまとまりのつかない状況にあったそうですが、第三次

（一九八三〔昭和五八〕年）から第五次（二〇〇四〔平成一六〕年）総合振興計画の過程の中で、「主体に住民と職員を位置づけ、その参加と協働を重視した取り組みを展開[26]」することで、住民と行政の信頼関係を少しずつ築いていきました。

平成に入り、再び市町村合併の動きが全国的に始まった二〇〇〇（平成一二）年から、飯舘村ではこのさらなる合併の流れを重要課題に位置付け、「ディベート方式村民集会」などを積極的に開催しながら全村的な討議を重ねていきました。二〇〇四（平成一六）年九月の議会では菅野典雄村長が合併でなく「自立の道」を提案、議会はこれを否決したのですが、翌年の選挙で菅野さんが再選されたことで、飯舘村は合併に参加しない道を歩むことになります。そのときの一住民（主婦）の声には次のようなものがありました――「合併問題は結婚と同じだと思う。〔中略〕自分は、飯舘村が合併によって周辺化し、今以上の過疎化が進むことが一番心配だ。〔中略〕飯舘村は、貧しい村ながら、生活の質の豊かさを求める地域づくり、住民と行政の協働による地域づくりに、ずっと取り組んできた。自分たち（地域）のことは自分たちで決め、決めたことは責任をもって実行する。〔中略〕飯舘村が進めてきた住民参加の地域づくり、住民と行政（職員）との協働の地域づくり、これが今後もできるかどうか、また、そのためには、自分たちのことは自分たちで決められるよう、身近な意思決定機関を認めるかどうか、これが、私が結婚を決める一番の判断基準であるし、結婚相手に求める価値観でもある[27]」。「昭和の大合併」によって壊された自治を、「自分たち（地域）のことは自分たちで決め」るという理念のもとで回復してきた様子が伝わってきます。「合併」を「結婚」に喩え、「飯舘村が進めてきた住民参加の地域づくり、住民と行政（職員）との協働の地域づくり」を今後も継続できなければ「結婚」はできない、とまで言っています。飯舘村の人々の意識の高さがこの女性の発言から知ることができます。

合併はコミュニティを破壊します。合併による行政の広域化は、学校、医療、福祉、交通をはじめ、人々の生活に必要な基本的サービスやインフラを偏在化させ、とくに弱い立場にある子どもやお年寄に対する最低限の保障すら阻害するだけでなく、住民自治そのものをも成り立たせなくする恐れがあります。かつてそうした経験を味わってきた飯舘村の人々は、再度の合併で同じ問題が繰り返されることを恐れました。だから新たな合併には慎重だったのです。しかし飯舘村のような問題意識を持つ市町村は稀でした。多くの自治体は行政一元化にともなう政府補助金の拡大という魅力に負けて（背に腹は代えられない！）、「効率的」な行政運営を進めるべく先を競って合併話に乗っていきました。

不条理にも、飯舘村の人々の努力はあの原発事故によって一瞬にして無に帰してしまいました。原発事故による「全村避難」は、まさに取り返しのつかないコミュニティ破壊となってしまいました。その再生を祈りつつ私たちが認識しておかなければならないのは、この「コミュニティ破壊」という問題は日本の地域社会全体の問題でもあるということなのです。

「家族」は女性の社会進出や人間解放・自立にとって妨げになるか

ところで、戦後、家族が否定的にとらえられるようになった背景には、もう一つ別の文脈があります。それは女性の側から提起された「女性の社会進出」という文脈です。

先のイリイチの議論が示すように、近代社会においては、賃金労働の方が家事労働より価値が高く、したがって、企業で働く人（主に男性）の方が家庭で働く人（主に女性）よりも発言権があり、自由度が高い、という風潮が強くなっていきます。戦後はこうした図式の中で、女性の地位向上を目指す「女性の社会進出」運動が女性自らの手によって始まります。そのとき、「家族」は、女性たちにとっても自分たちの妨げになるものととらえられました。

一九六二（昭和三七）年に撮られた小津安二郎（一九〇三～六三）の映画（遺作）に『秋刀魚の味』があります。これは、当時（高度経済成長期）の中間的な日本人の家族像を描いた作品ですが、女性の結婚観も大きなテーマでした。映画では主人公の若い女性が父親に結婚を勧められる場面が何度か出てきます。主人公の娘役の岩下志麻さんがお父さん役の笠智衆さんに結婚を勧められながら、「いくつになった」と聞かれ、「二四歳です」と答えています。また別の場面では、若い女性が結婚の報告に上司（主人公の父親）のオフィスを訪れますが、このときもその女性は笠さんから歳を聞かれ、やはり「二四歳です」と答えています。当時、女性の結婚は二四歳くらいまでという風潮がありました。まことに失礼な話ですが、当時は「二五歳は売れ残ったクリスマスケーキだ」などという差別的な言葉さえ聞かれる時代でした。

これが今から五〇年ほど前の日本社会の現実です。戦後自由になったとはいえ、これでは、社会に出て自分のやりたい仕事に就こうとする女性への風当たりは相当強かったに違いありません。そうした女性たちにとっては、自身が家庭を持つということも相当マイナスにとらえていたのではないでしょうか。本来なら、家族やコミュニティの価値を再評価しながら、女性の社会進出や人間解放・自立という課題にも性差を超えて取り組んでいくべきでした。しかし、現実には男性中心の「会社主義」がそうした考えを阻み、女性たちは単独で立ち向かっていくことになりました。

こうした女性の立場に立ち、自らもそのような立場で闘ってきた思想家・社会学者に上野千鶴子さんがいます。戦後の家族形態を「近代型家父長制――モーレツサラリーマンの夫とフルタイムの専業主婦の妻――」ととらえる上野さんにとって[28]、女性の解放はまず第一に、こうした「近代型家父長制」から女性のみならず、男性も解放されることでした。

ところで、NHKスペシャルが「無縁社会」の問題を提起したほぼ同じ時期、上野さんは『おひとりさまの老後』[29]という本を出しました。そこでは、家族やコミュニティを破壊する〈単身者本位社会〉化の進行により結果した「おひとりさまの社会」の拡大（主にお年寄の独居世帯の増加）への対応策として、国の介護保険制度の重要性を説く論が展開されています――「二〇〇〇年に介護保険制度ができたときに、これはわたしのためだっ！と思った。というより、わたしだけでなく、いずれだれもがそうなる『おひとりさま』のための、家族に頼らない・頼れない老後のためにできたのが、介護保険というものだった。現実には、いまの介護保険制度にはさまざまな限界があるが、

『家族に頼らない老後』という介護の社会化へ、大きな一歩を踏み出したことは評価してよい[30]」。

上野さんは、都市社会を否定はしません。これについては東京新聞のインタビューに次のように答えています――「私は都市社会が悪いとは思わない。都市とは、プライバシーのまったくない息の詰まるような相互監視のムラ社会から逃げ出してきた人たちが、望んでつくりあげてきたものだ[31]」。実際、都市社会は自由を謳歌する自己実現の場として、人々にさまざまな夢を与えてくれました。けれども、人はいつまでも真夏の時代を送れるわけではありません。老いとともに、そこは「孤独死」を生む砂漠のような場所でもあることに、人々は気づいていきます。こうした都市社会のひずみを乗り超えるために上野さんが提起するのが、「選択縁」という考え方です。上野さんの解決策は、都市社会でバラバラとなった個人（「おひとりさま」）が新たな「友人的」（「家族的」ではない）ネットワーク＝「選択縁」を形成し、老後に備えるというものです。「選択縁」を上野さんは次のように説明しています――「選択縁は、脱血縁、脱地縁、脱社縁の友人同士のネットワーク。加入脱退が自由で、強制力がなく、まるごとのコミットメントを要求しない。そういうネットワークを持つ高齢者の幸福度が高いことは、研究結果からも分かっている[32]」。

「友人同士のネットワーク」の具体例を、上野さんは最新の著書[33]で紹介しています。悪性腫瘍で亡くなった英文学の教授T先生は、パートナーも子どももいない「おひとりさま」でした。しかし、家族持ちではなくても「人持ち」でした。そうしたネットワーク＝「選択縁」のおかげで、T先生は、病床にあってはチームKという三〇人からなる友人たちの介護チームに手厚く支えてもらうことができました。そして、この介護チームに温かく見守られながら、ホスピスの病院で人生の「最期」を幸せに迎えられたそうです。

もっとも、この「選択縁」の例は、上野さん自身が言っているように、現実的にはきわめて稀有なケースです。上野さんは、もう少し一般性のある「在宅ひとり死」の具体的イメージについても提起しています。それは、公的扶助（健康保険・年金・介護保険制度等）を基本に据えながら、「選択縁」的に「二四時間対応の巡回訪問介護・訪問看護・訪問医療」の三点セットを確保し、病気や死の準備をしておくというものです。たしかにこれは、「家族に頼らない（頼れない）老後」のあり方、「最期」の迎え方の一つの理想的な提案と言えるでしょう。

私は、東日本大震災以降、日本社会で起こっているのは、近代が壊してきた家族・コミュニティへの再評価であり、人々はこれを基礎にすでに社会を再構築し始めていると認識する者ですが、そうした動きの根底には、「支え合い」や「助け合い」といったものへの人々の強い願望や信頼が確実に醸成されていると考えています。上野さんが提起する「選択縁」という考え方の根底にも、「支え合い」や「助け合い」の視点がはっきりと見て取れます。「家族」的関係も「友人」的関係も、目指す社会は同じであるということです。家族とりわけ女性に、一方的に親の扶養を押し付けるような社会は速やかに見直されなければなりません。また、家族やコミュニティを桎梏と考える人々の自由も奪われてはなりません。大事なのは、家族・コミュニティの再生においても、「おひとりさまの社会」の構築においても、「支え合い」「助け合い」を大前提にした関係づくりの中で、両者が車の両輪のように機能していくことではないでしょうか。

夫婦も最後は「おひとりさま」になります。介護・看護・医療に支えられた「選択縁」的な生き方は、家族的なつながりやコミュニティを大切にする生き方の延長線上にも存在しているのです。家族・コミュニティの再生を考えることは、「選択縁」的な生き方や「在宅ひとり死」のあり方を考えることにも通じていくのだと私は思います。

女性に子どもの養育や老親の扶養をゆだねる日本の風潮

先にも触れましたが、日本には子どもの養育や老親の扶養を女性に一方的にゆだねようとする風潮があります。とりわけ「長男の嫁」などにそれを「押し付ける」傾向があります。これは戦前の旧民法の長子相続の影響があるからでしょう。女性の社会進出を目指す人たちがこうした風潮に反発してきたのは当然のことです。養育や扶養（イリイチの言う「シャドウ・ワーク」）は、そもそも女性に一方的に押し付けるようなものではありません。家族やコミュニティ、そして社会全体で担うべきものです。逆に言えば、家族やコミュニティを大切にする社会は、「嫁に一方的に押し付ける」ような社会ではないのです。この点を、大きくは日本と同じ文化圏と言われる東アジア諸国との比較を通じて確認しておきましょう。

その前に、欧米各国の福祉体制について少し触れておきたいと思います。デンマーク出身の福祉国家論の研究者エスピン・アンデルセンは、資本主義国に見られる福祉体制（「福祉レジーム」）の形として三つの類型をあげています。「自由主義レジーム」「社会民主主義レジーム」「保守主義レジーム」です。主に、「自由主義レジーム」とはアメリカに代表されるような、社会サービスをマーケットで買う体制、「社会民主主義レジーム」とは北欧に代表されるような、公的サービスを提供する体制、「保守主義レジーム」とはそのどちらかであるか、あるいはドイツのような、労働組合などの社会的組織によって共同でサービスを提供する体制を指します。ところがアンデルセンは、日本の「福祉レジーム」はこのどれにも当てはまらず、「日本の福祉システムはまだ発展途上にあり、完成体の段階に到達していない」と言っています(34)。どういうことでしょうか。

アンデルセンが日本の「福祉レジーム」を「発展途上」であると見なす理由は、日本が「家族主義の国」などと言われながら、他方では欧米には見られない「孤独死」などの問題を発生させているという矛盾を内包しているからだと思います。そうだとすれば、アンデルセンの三類型における共通の条件は、家族単位の福祉政策が充実しているとともに、理念や教義における「べき論」ではなく、実体として、家族関係そのものもきちんと機能しているということになるでしょう。実際、すでに見てきた通り、「自由主義レジーム」とされるアメリカでも、「社会民主主義レジーム」とされる北欧をはじめとする欧州諸国でも、家族を単位とした福祉政策（その適用対象として同棲婚や同性婚などのカップルを含む国もあります）を充実させるだけの、しっかりとした家族関係が機能しています。

さて、少し横道にそれましたが、アンデルセンの「福祉レジーム」の分類では日本と同じ「東アジア圏」とされる国々の、家族とコミュニティの実態を見ていきましょう。ここでは、この分野の研究者、落合恵美子さんの調査研究を参考にさせていただきます[35]。見ていくときのポイントは、子どもや老親のケアをするということが、「福祉レジーム」とは別のところでどのように機能しているか、つまり、家族やコミュニティの自発性とどう結びついているかという点です。

【中国】

「多くの人は自転車やバスで移動できる範囲に、親・きょうだいなど複数の親族が住んでいて、子育てや老親の介護などを相互に助け合って生活している[36]」。

「おじいさんの活躍は、中国の育児の目立った特徴だ。日中、あるいはウィークデイの間、孫を預かる祖父母は少なくないが、おばあさんばかりでなく、おじいさんも同じくらい貢献している。〔中略〕『育児力』という言葉があるとしたら、おじいさんに限らずお父さんも含め、中国男性の『育児力』は羨ましいほど頼もしい[37]」。

「中国では、夫婦共働きが当たり前であり、母親が働く間の小さな子どもの世話は、祖父母の大きな役割となっている。祖父母の強力な援助のもと、保育園も利用しながら、両親共に育児をしている。若い間は働き、定年退職後は孫の世話をするという世代間分業が現代中国の育児の典型的なパターンと言える[38]」。

中国社会の特徴は、祖父母の育児に対する積極的な関わりにあるようです。落合さんは、中国では老親の扶養や子どもの養育について四つの特徴が見られることを概ね次のように報告しています。[39]①同居・別居関係なく子どもは老親のケアに関わる、②子どもたちはそれを兄弟姉妹で分担する（これは、もともと中国では日本と違って、財産を兄弟間で平等に分配するという伝統が影響しているからだそうです）、③老親の扶養では嫁よりも息子本人の方が重要な役割を果たす、[40]④世代間の互酬性がある（これは、祖父母は孫を養育し、やがて孫はその返礼として祖父母を扶養するという世代間の相互扶助関係を指しています）。また、最近では「社区」（コミュニティ）も福祉に大きな役割を担うようになっているそうです。[41]このように中国では家族関係やコミュニティがしっかりと機能しているようです。

【タイ】

「タイの伝統的子育ての特徴は、親族ネットワークの広さと強さにある。〔中略〕このようにタイでは傍系を含んだ広い親族ネットワークが活躍し、共働き社会を支える基盤ともなってきた[42]」。

タイでは、家族を超えた親族のネットワークの強さが特徴のようです。日本では親族の集まりと言えば「盆と正月」あるいは「冠婚葬祭」くらいで、日常的にはほとんど連絡もないというケースがほとんどではないでしょうか。

【台湾】

「台湾の働く親の育児を見ると、二歳以下の子を持つ親たちにとっては、保育所などでの施設保育は選択肢には入っていない。むしろ、『ベビーシッター』を雇ってみてもらう方法が高学歴層など一部で増えてきている。しかし、最も多いのは、祖父母など親族にみてもらう方法である(43)」。

台湾は大陸中国の文化と同じようなところがあり、養育においても祖父母の役割は大きいようです。

【シンガポール】

「シンガポールの家族に接して一番印象的なのは、同居世帯を超えた親族の絆の強さだ。〔中略〕親夫婦、子夫婦、そして兄弟姉妹たちは住んでいるところは別でも、お金を稼げる人は稼ぎ、家事ができる人は家事をして、お互いの生活を支えあう一つの大家族だ(44)」。

シンガポールではタイに似て、親族のネットワークで子どもや老親の面倒を見る傾向が強いということでしょう。

【韓国】

「韓国の専業主婦たちは家事・育児の中心的な担い手ではあるものの、親や親族、友人、近所の人などの助けをえており、孤立してはいない。特筆すべきは子どものために意識的に母親仲間をつくる姿が見られたことである」[45]。韓国の特徴は、家族・親族のみならず、友人や近所の人たちとも協力し合って家事・育児をやっているところにあるようです。

このように東アジアの国々においては、子どもの養育や老親の扶養を家族や親族、コミュニティで協力して行なっていることがわかります。一方、日本ではこうした協力関係は希薄です。先に述べたように、日本では、子育てにしろ老親の介護にしろ、携わるのは圧倒的に女性であり、しかも養育は「母親」、介護は「長男の妻」というパターンが当たり前のように温存されたままです。アンデルセンの分類では、日本はこれらの国々と同じ「東アジア圏」となりますが、その実態は大きく異なっているのです。こうした風潮が女性の側に養育・扶養に対する負担感、忌避感を生じさせていることは間違いありません。「家族」を桎梏と考える大きな理由の一つは、その延長線上にあるのだと言えるでしょう。日本において「家族」に対するマイナスの観念を変えていくには、まずはこうした風潮を変えていくことから始めていかなければならないのです。

以上、日本人がなぜ家族やコミュニティよりも会社や国家に重きをおく生き方（＝〈単身者主義〉のライフスタイル）に邁進するようになったのか、その要因について近代日本の歩みを戦前と戦後に分けてたどりながら考えてきました。

日本は一九九〇年代から低成長の時代に入りました。人々はその中で、自分をとりまく社会が大量の「孤独死」を生む社会であることに気づかされることになりました。民主党への政権交代はこの問題の背後にある根源的な問題に人々が正面から向き合う大きなチャンスだったと思います。しかし、自然は人々にその問題にじっくり取り組む時間を与えてくれませんでした。東日本大震災とそれにともなう福島第一原発事故の発生です。それでも、この未曾有の大惨事は、これまでの私たちの歩みに多大な反省を求めると同時に、私たちに家族やコミュニティの大切さを強烈なインパクトとともに思い知らせることにもなりました。人々は家族やコミュニティの大切さに今更のように目覚め、それを基盤とする新たな生き方（ライフスタイル）や社会活動にあらためて大きな価値を見出すようになったのです。第3章では、そうした新たな「うねり」をさまざまな事例を通じて見ていくことにしましょう。

注

(1) 竹内洋『日本人の出世観』(学文社　一九七八　二頁)。この書は「立身出世主義」という言葉の変化をたどる貴重な研究である。それによると、明治前半期の立身出世主義の担い手は士族層の子弟を中心にするものであったが、明治後期に庶民層まで浸透し、大正期には国民にあまねく普及した。しかし、そのころには「なにをする」とか「なにになる」とかは不問にされ、立身出世が自己目的化されるようになる。戦後の出世ブームは一九五五年の戦後復興・繁栄に始まるが、戦前にあった国家への貢献や、人格・品性などの道徳的要素は弱まり、「出世」は「金持ち」や「有名人」になることと同義となり、「立身」と分かれて使われるようになった。竹内洋『立志・苦学・出世』（講談社現代新書　一九九一）、門脇厚司『現代の出世観』（日本経済新聞社　一九七八）も参照。

（2）例えば封建的身分社会を誰よりも批判した福沢諭吉（一八三五～一九〇一）は『徳育如何』（一八八二）の中で、「士農工商、共に家を重んじて、権力は専ら長男に帰《き》し、長少の序《じょ》も紊《みだ》れざるが如くに見えしものが、近年に至《いたり》ては所謂《いわゆる》腕前の世と為《な》り、才力さへあれば立身出世勝手次第にして」と新しい時代（「腕前の世」）を前提にした「才力」の可能性を謳っている（『福沢諭吉選集第三巻』岩波書店　一九八〇　二三一頁）。

（3）A・D・トクヴィル『アメリカの民主政治』（松本礼二訳　講談社学術文庫　一九八七）参照。

（4）トーマス・モア『ユートピア』（澤田昭夫訳　中公文庫　一九九三　七五頁）。

（5）神島二郎『文明の考現学』（東京大学出版会　一九七一　二二一～二二五頁）および同『新版　政治をみる眼』（日本放送出版協会　一九九一　一〇～一八頁）参照。

（6）鐘紡共済組合の設立をはじめとする福利厚生事業については、平井國三郎編『鐘淵紡績株式会社従業員待遇法』（神戸開國堂　一九二二）および武藤山治『私の身の上話』（單式印刷株式會社　一九三四）等を参照。

（7）同右、武藤、二二〇頁。

（8）「大衆運動がその底辺において〈粘土の足〉と形容されるように脆弱な基礎しかもちえないということである。〔中略〕日本のファシズム的諸運動が、結局、既成権力を打倒してファシズム体制を樹立しえなかった他方の要因に他ならない」（高畠通敏「強権的統合と大衆運動―三〇年代日本を中心に」（東京大学社会科学研究所編『ファシズム期の国家と社会6　運動と抵抗』上巻　東京大学出版会　一九七九　一五頁）。

（9）高畠通敏は、同右書で次のように指摘している。「表面的にははなばなしい労働争議と無産政党の活動のかげに、基幹産業を中心とする九〇％をこえる労働者の間では、経営組織の日本的近代化と共に形成された〈企業一家〉〈労資協調〉のイデオロギーの下に、一九二〇年代以降さまざまな名称の従業員団体が企業別に組織されていたのである」（一六頁）。

(10) 浅川達人・玉野和志『現代都市とコミュニティ』(放送大学教育振興会　二〇一〇　一一九〜一四六頁)。
(11) 神島二郎『近代日本の精神構造』(岩波書店　一九六一　第一部第二章) 参照。
(12) 同右、四四〜四五頁および第三部。朝日新聞 (一九八八・八・一八　神島二郎「固有信仰と靖国神社」) も参照。
(13) 神島、前掲『新版　政治をみる眼』三四頁。
(14) 「近代地方制度である『市制町村制』の施行に伴い、行政上の目的 (教育、徴税、土木、救済、戸籍の事務処理) に合った規模と自治体としての町村の単位 (江戸時代から引き継がれた自然集落) との隔たりをなくすために、町村合併標準示 (明治二一年六月一三日内務大臣訓令三五二号) に基づき、〔分合合併は一自治体を〕約三〇〇〜五〇〇戸を標準規模として全国的に行われた」(総務省「市町村数の変遷と明治・昭和の大合併の特徴」総務省ホームページ　二〇一四・四月アクセス)。
(15) 神島、前掲『新版　政治をみる眼』三四〜三五頁。
(16) 村上重良『国家神道』(岩波書店　一九七〇　一六八頁)。
(17) フォーラム・人類の希望編『新版　イリイチ日本で語る　人類の希望』(新評論　一九八一)、イヴァン・イリイチ『シャドウ・ワーク』(玉野井芳郎・栗原彬訳　岩波書店　一九八二) 等参照。
(18) 「日本でこの単身者化の問題の重要性に着目した人は、政治学の神島二郎氏です」(玉野井芳郎監修『ジェンダー・文字・身体』新評論　一九八六　二二頁)。
(19) 旧国家体制が崩壊した敗戦当時、企業もまた自力で態勢を立て直し這い上がるほかなかった。日本企業を代表するトヨタ自動車 (戦中は軍用自動車の製造で発展した) も例外ではなかった——「終戦とともに、戦地から従業員が続々と引き揚げてきた。一九四六 (昭和二十一) 年四月、トヨタは社内に臨時復興局を立ち上げる。社長の豊田喜一郎は従業員三千七百人の衣食住を満たす事業をあれこれ考え始める。工場では部品をひっかき集めてトラックを組み立てるとともに、なべやフライパン、電気こんろも作っていた。

（中略）工場のそばの荒れ地ではキクイモを栽培しており、楠（楠兼敬。当時の社員）はそれをすりつぶしてろ過する仕組みに知恵を絞ったことを覚えている。（中略）章一郎（豊田章一郎（喜一郎の長男））は『どうやって食っていくか大変で、ウズラを飼ったり、古本屋をやったりしていた』と語っている」（東京新聞二〇一四・三・二〇「時流の先へ―トヨタの系譜　第一部　二つの危機〈12〉『生きるための戦い』」）。

(20) 縄田康光「戦後日本の人口移動と経済成長」（参議院事務局企画調整室編『経済のプリズム』No.54　二〇〇八）。

(21) 川島武宜『日本社会の家族的構成』（学生書房　一九四八／岩波現代文庫　二〇〇〇　一五頁）。

(22) 同右、二三頁。

(23) 神島、前掲『近代日本の精神構造』第三部参照。

(24) 真鍋弘樹『3・11から考える〈家族〉―戦後を問う、現在を歩く』（岩波書店　二〇一二　六八頁）。

(25) 同右、六八頁。

(26) 千葉悦子・松野光伸『飯舘村は負けない―土と人の未来のために』（岩波書店　二〇一二　七一～七二頁）。

(27) 同右、九五～九六頁。

(28) 「高度成長期は、男にとってはいわば『一億総サラリーマン化』の完成、女にとっては、『サラリーマンの妻』＝『奥さん』に成り上がる夢の完成であった。しかし誰もが『サラリーマンの妻』になった時、この成り上がりはその実、女性の『家事専従者』への転落を意味していた。六〇年代の高度経済成長をつうじて、日本の社会は、滅私奉公する企業戦士とそれを銃後で支える家事・育児に専念する妻、というもっとも近代的な性別役割分担を完成し、これを大衆規模で確立した。フェミニストはこれを『家父長制』と呼ぶが、この『家父長制』はまったく近代的なものであり、封建遺制の家父長制とは質を異にしている」（上野千鶴子『家父長制と資本制』岩波書店　一九九〇　一九六頁）。「慢性的な労働力不足に悩んでいた六〇年代の『成長経済』は、女性を労働市場に引っぱり出すためのプル要因を潜在的に持ちつづけていた。しかしいったん確立した近代型家父長制――モーレッサラリーマンの夫とフルタイムの専業主婦の妻――のもとから、既婚女性を引き出すのはむつかしい」（同右　二〇九頁）。
(29) 上野千鶴子『おひとりさまの老後』（法研　二〇〇七）。
(30) 同右、一七七頁。
(31) 東京新聞（二〇一〇・六・一〇「介護社会のこれから―東大教授上野千鶴子さんに聞く・中」）。
(32) 同右。
(33) 上野千鶴子『おひとりさまの最期』（朝日新聞出版　二〇一五）。
(34) エスピン・アンデルセン『福祉資本主義の三つの世界―比較福祉国家の理論と動態』（岡沢憲芙・宮本太郎監訳　ミネルヴァ書房　二〇〇一「日本語版への序文」）。
(35) 落合恵美子・上野加代子編『21世紀アジア家族』（明石書店　二〇〇六）。
(36) 同右、二四頁。
(37) 同右、五三～五四頁。
(38) 同右、五六頁。
(39) 落合恵美子「アジアの高齢者と家族」（宮本みち子・善積京子編『現代世界の結婚と家族』（放送大学出版振興会　二〇〇八　一三一～一四三頁）。
(40) これは数量調査をしても出てくる結果だという（同右、一三四頁）。
(41) 同右、一三四頁。
(42) 落合ほか編、前掲書、五〇頁。
(43) 同右、五九頁。
(44) 同右、八二頁。
(45) 同右、四四～四五頁。

第3章
家族・コミュニティを基礎にした新しい社会形成への地殻変動

忘れない、3.11。繁栄、豊かさ、幸福とは何か。私たちは日常の営みの尊さに気づかされた。「地殻変動」は私たちの内部で起こり始めている（仙台・荒浜地区／2011.4.24）。

これまで、変革を思う人たちのあいだでは、「部分が変っても全体が変らねば」とか、「全体が変ってこそ部分も変るのだ」とかいわれてきましたが、いつの場合にも部分が変ることによって全体が変るのであって、全体がさきにころりと変るのではない。そもそも部分のなかに全体が宿っているのだから私は「つまり部分と全体のつながり方さえ分れば、部分を変えることによって全体を変えていくことができる」と考えているのです。そういう誰でもが手がけられる変革のいと口を日常生活の中にみつけること、それを私は率先してみずから試み、かつ、人にもすすめてみたかったのです。

（神島二郎『日本人の結婚観』講談社学術文庫　一九七七　一〇四頁）

前章まで、日本は近代において家族とコミュニティを壊してきた点で世界的にも「特殊な国」であるということを見てきました。しかし、二〇一一年の震災以後、ついにその転機が訪れます。家族やコミュニティの価値が本格的に見直される時代がやって来たのです。

現在、震災後に政権に復帰した自民党主導の政府によって、「アベノミクス」と呼ばれる政策が実行されています。それは企業や国家中心の経済成長主義の路線、つまり、残された地球資源を使い、国際競争力を競い、従業員の労働条件や健康よりも会社や国家の繁栄を目指すような、まさに従前通りの〈単身者主義〉を前提にした路線です。しかし、そうした路線とは裏腹に、今この日本の「地殻」レベルでは、他の諸国と同じような「普通の国」化がさまざまな局面で進行しているように思います。「普通の国」とは、日本政府が「軍事力」強化を主張する際に良く用いてきた言葉ですが、ここでは「家族・コミュニティを大切にする国」という意味で使っています。そうした「普通の国」化を目指す運動（社会活動）が現在、日本中のあちらこちらで芽生え始めています。

本章では、主に新聞記事等に見られるごく普通の人々の声をできるだけ拾い集めて引用し、また、私が直接お会いした方々の具体的な活動もご紹介しながら、この「地殻変動」を見ていきたいと思います。

社会の集合的な意識・行動・思い等を探る方法の一つに、これらを数量的・統一的に表すことを目的にした世論調査、統計があります。第2章まで一部採用してきた方法です。本章ではこれとは異なる方法――個人の声を通じて社会の集合的意識・行動・思い等を知る方法――を用いることにしました。この方法によって、数量化・統一化されたものの背後にある人々の気持ちも掬い取ることができると思ったからです。それは、社会の集合的意識・行動・思いを、「固定化」されたものとしてではなく、「動き」「変化」としてとらえるためのものです。喩えて言えば、「梢や木の葉の動き」（＝人々の集合的意識を知る手がかり）を一つひとつ観察することによって、「風」（＝社会を変える大きな「風」。人々の集合的意識）の存在をとらえるというやり方です。

東京新聞は震災・原発事故以後、「3・11以後を生きる」という特集をずっと続けています。その紙面づくりは、震災・原発事故を風化させまいとする強い意志を感じさせるもので、共感を覚えます。震災後、私は東京新聞を中心に「梢」や「木の葉」にあたる個人の「行動」や「思い」をたくさん集めてきました(1)。ここでは紙幅の関係で、各項あたり二～三の事例しか取り上げることができませんが、実際には何十倍ものたくさんの事例(「梢や木の葉の動き」)を集めました。それらの事例を見ていくと、そこに社会を変える大きな「風」(=「動力」)の存在を知ることができます。小さな個々の「梢や木の葉」の動きは目立たなくても、そこには木の葉全体を揺らす大きな風が吹いていることに気づきます。

では、まず東北被災地から、「風」(=社会を変える大きな「風」。ここでは家族やコミュニティの価値の見直しという人々の「集合的意識」)がどのように吹いているのか、「梢や木の葉の動き」を通して見ていきましょう。以下に取り上げる事例は、日本中の多くの人たちがすでに報道や直接の出会いを通じてご存じのことばかりかもしれません。しかし、「家族」や「コミュニティ」を軸にあらためて読み直すと、これまでとは異なる風景がきっと見えてくるはずです。

一 被災地から発せられるメッセージ

家族を軸に

親子の絆

私たちは、大震災・原発事故で、家族や子どもたちを真に守れるのは政治家、国家、大企業などではなく、親や家族、親族、身近な地域の人たちであることに今さらのように気づかされました。まず、「子を思う」母親からの切実なメッセージを取り上げてみます（以下、新聞記事から部分引用した個人名はすべてイニシャル表記としました。また、その他の事例も含め、登場する方々の年齢（層）はすべて当時のものです）。

――「福島県南相馬市の自宅は津波で流されました。福島第一原発事故で避難し、親類を頼って浜松市に移りました。中学一年、小学四年の息子と三人暮らしです。両親からも戻って来ないかと言われますが、放射能が気掛かりで帰る決心がつきません」（Nさん 三〇代女性 静岡県浜松市／東京新聞〔以下、東京〕二〇一二・一〇・二九）。子どもの被曝を気にかけ、子どもの将来を思い、あくまで子どもに寄り添い続ける母親の姿がそこにあります。

――福島市野田町の主婦Nさん（四〇代）は、原発事故後布団を一度も外に干さず、洗濯物はすべて屋内につるしてきたそうです――「『空間線量は減ってきたけど、わざわざ放射性物質にさらしたくない』。〔中略〕最も心配なのが高校二年の長女（一七）の健康。だから食材は、原発事故後に開業して西日本産ばかりをそろえる専門店で調達する。〔中略〕『娘は事故直後に高い放射線を浴びた。せめて毎日、口にする食材は、選んであげたい』」（東京二〇一一・一〇・二二）。

母親たちの「心労」は、事故後五年経った今でも、深まりこそすれ、減ることがありません。福島県は子どもたちの甲状腺検査を続けています。専門家の間では、福島で見つかっている子どものがんは被曝の影響ではないとする意見もあるようですが、チェリノブイリで子どもの甲状腺がんが増えたのは事故後約四年目以降ということもあり[2]、母親たちの心配は増すばかりです。

福島県は自主避難者への住宅の無償提供を二〇一七年三月で打ち切る方針を決めました[3]。福島県いわき市から東京都内に避難中の三〇代女性は、元公務員宿舎で四人のお子さんと暮らしています――「小学生の長女の甲状腺に昨春、小さな嚢胞が見つかった。二次検査の必要はないと言われたが落ち込んだ。『この子たちが放射能で病気になり、後悔するのは嫌。でも住宅支援がなくなれば家賃も払えない。どこでどうやって暮らせますか』」（東京二〇一五・六・二〇）。

母親の心配は、統計上の発症確率の低さなどとは関係ありません。わが子を思う気持ちは、役人や学者の想像をはるかに超える深さを持っています。

家族・親族の絆

私たちはまた、家族や親族で助け合う被災者の方々のその姿にも心を動かされました。

――「震災翌日に着の身着のままで避難し、今は宮城県岩沼市内に長男夫婦と三歳の孫とアパートを借りて暮らしています」（Eさん 七〇代女性 福島県双葉町から避難／東京二〇一三・四・二）。

――「震災後、家族の絆がさらに強くなったように感じます。笑ったり、けんかしたりする何気ない日常が今はとてもいとおしい。狭い部屋でぎゅうぎゅうですが、これからもみんなで仲良く暮らしたいです」（Mさん 五〇代女性 宮城県仙台市／東京二〇一三・三・二一）。

――「仙台市内で暮らす長男一家のアパートに身を寄せました。『家族だから一緒にいてください』というお嫁さんの言葉は本当にうれしかった。今でも朝昼晩のご飯は息子や孫たちと一緒です。家族の優しさに感謝しています」（Sさん 八〇代女性 宮城県気仙沼市から避難／東京二〇一三・八・二七）。

被災地・避難地では、苛酷な暮らしに耐えきれず、互いに意見が合わなくなり、止むに止まれず離婚してしまった家族も少なくありません。その分だけ、家族や親族の大切さが身に沁むものとなっています。

震災後、私も何度か被災地を訪ね、多くの地元の方々の声を聞くことができました。なかでも宮城県女川町でトレーラーハウス「El faro」（エルファロ。スペイン語で「灯台」という意味だそうです）という宿泊施設を経営し、復興を目指している女川町宿泊協同組合理事長の佐々木里子さんのお話が印象的でした（二〇一三年一二月訪問）。地元で旅館「奈々美や」を老父母と一緒に経営していた佐々木さんは自宅を津波で流され、ご両親を失いました。佐々木さん自身は津波に襲われながらも、辛うじて車で逃げ切り九死に一生を得ますが、四人の子どものうち高校生の息子さんが行方不明のままでした。夜も寝られず過ごした寒くて薄暗い避難所に、息子さんが「憎たらしいくらいの満面の笑顔で」ひょいと現れたのは発災から五日目だったそうです。そのときの喜び、わが子を抱きしめたときのうれしさは、「まさに筆舌に尽くし難かった」といいます。その後、佐々木さんは遠方のお姉さんのところに一時身を寄せたのち、女川に戻り、家族の生活と女川の復興のために宿泊施設「El faro」の立ち上げを準備することになります。この間、家族を失った深い悲しみの中で佐々木さんを励まし、支えてくれたのがご主人や子どもたち、親戚や地元の人たちです。旅館「奈々美や」のかつてのお客さんたちも支援に駆けつけてくれました。「そうした助けがあってこそ、宿泊施設の立ち上げという難しい仕事ができた」と佐々木さんは振り返ります。

震災・原発事故で被災した多くの方々が、佐々木さんと同じように、家族や親戚を頼りに、そしてまわりの人たちとのつながりを支えに必死で生きてきたのだと思います。

家族を足がかりにしたさまざまな復興

二〇一一年度の「新聞協会賞」を受賞した『岩手の記録Ⅱ　明日への一歩―大津波復興の証言』(4)には、家族を足がかりにしたたくさんの復興の営みが記されています。ここでは、その中から「家族のつながり」について語られたいくつかを取り上げてみます。

陸前高田市広田町の造船業臼井保男さん（六四）と、長男の健一さん（三六）は、昼夜を通して漁船の建造に励む親子です。震災では、広田湾漁協所属の漁船約一四〇〇隻のうち、津波で残ったのは六〇隻にも満たなかったそうです。発災から一カ月後、多くの漁師から「とにかく船が欲しい」と言われ、臼井さん親子は繊維強化プラスチック（ＦＲＰ）製の小型漁船を手作業で造り始めました。一カ月で三隻ペースの製作です。カキやホタテ漁の復興のために頑張る父親の保男さんは次のように語っています――「漁師も船造りのわれわれも、広田で生まれた人間は小さい時から海で遊び、海で育ち、海で生活してきた。どんなに恐ろしい目に遭っても、決して海から離れては生きられない。広田の将来のために、息子に技を伝える」。これを受けて健一さんも、「広田の漁師たちと共に地域を支えていけるよう、今しっかりと親父の造船を受け継ぎたい」と言っています[5]。震災という試練によって親子の絆はいっそう深まることになりました。

大船渡市大船渡町の理容師清水友美さん（三二）は、震災後、親子で新しい理髪店をオープンしました。津波で、しっくいの白い壁のモダンなデザインだった旧店舗は跡形もなく全壊し、ハサミなどの商売道具はすべて流されました。それまで友美さんは父康雄さん（六四）と母セツ子さん（六四）とともにその店を支えてきたそうです。父親の康雄さんは「街の惨状を目に焼き付け、復興まで見届ける」と店の再開を決意しました。窮地を救ってくれたのは、同業者からの道具の提供と常連客の励ましです。正式オープンしてから常連客の問い合わせは引きも切らずで、清水さんは「お客さんから元気をもらって、これからもやっていけそうな気がしてきた。いや、絶対頑張らないとね」と語っています。(6) ここでも親子の絆を通じた復興の姿が描かれています。

大槌町のタクシー会社社長岩崎松生さん（六四）は、奥さんのきち子さん（六〇）が行方不明のまま営業を再開しました。そのとき大きな支えになってくれたのが娘の友美さん（三〇）です。松生さんの会社は従業員を二人失い、九台あった車両も三台しか残りませんでした。「従業員のことを考えると立ち上がるしかなかった。それが人を使う者の責任」――松生さんのこの思いが会社の立て直しを決意させます。友美さんの心境はこうでした――「津波への恐怖心もあるし、『本当に再建できるの』って。でも決めた以上、いつまでもへこんでいられない。父の支えになりたい」。こうして友美さんは自らもハンドルを握ることにしたそうです。(7)

このように、『岩手の記録Ⅱ』に収められた人々の語りには、「家族のつながり」を支えにして「家業の維持」や「地元の復興」に立ち上がっていく姿が写し出されています。「支え合う家族」が、確実に何かを育て上げようとしています。

家業を継ぐ

被災地における復興事業は、国レベルでは建設業を中心とする公共事業がメインです。(8) しかし、こうした公共事業はピークが過ぎれば縮小していくので、必ずしも持続的な復興に結びついていくとは限りません。小さくても地元に根付いた取り組みが求められています。そうした中、被災地では「家業を継ぐ」という形で地元に根を張る若者たちが増える傾向にあり、復興のあり方に変化をもたらしているようです。

――「父が経営する食品工場が津波被害に遭いました。『家族と古里のために力になりたい』と昨年八月に帰郷し、地元で就職しました。『前向き』『元気』を心に留めています」（Tさん　二〇代男性　岩手県宮古市／東京二〇一三・一・一六）。

――「高校二年の春休みに震災に遭い、両親が経営する町内の飲食店などが津波で流出しました。町外での就職を考えていましたが、仕事が再開した両親を支えたいと思い、古里に残ることを決めました。ことしは家族と温泉旅行に行きたい。地元の友人とも旅行に行く計画を進めています」（Sさん　一〇代後半女性　岩手県山田町／東京二〇一三・二・四）。

――「大学生の長男が最近、『家業を継ぎたい』と言ってくれたのも、やりがいに気付いてくれたからだと思います」（Sさん　五〇代男性　宮城県仙台市／東京二〇一三・一・一七）。

岩手県陸前高田市のお寿司屋さんの息子Aさん（三〇代）は、当初、父親のお店を継ぐ気はなかったそうです。しかし、再開した店で客が肩を寄せ合うように酒を酌み交わし、震災の心の傷をいやし、笑顔になって帰っていく姿を見て、家業を継ぐことにしたそうです――「今の自分にできるのは、この店を支えること。それが故郷のためにもなればうれしい」（朝日新聞〔以下、朝日〕二〇一三・三・一一）。

都会に出て大企業に就職するのではなく、生まれ育った地元で家業を継ぐという若者の動きは、今後も強まっていくように思われます。

コミュニティを軸に

仮設住宅の絆

復興庁のホームページによると、二〇一六年一月一四日現在、震災の避難者は一七万七八六六人、このうち「住宅等（公営・仮設・民間・病院含む）」に住む人たちは一五万九一二三人ということです。(9) こうした方々の受け皿である災害公営住宅および民間住宅等用宅地の整備状況は、二〇一五年一二月末現在で、前者は四八％、後者は三〇％という低い進捗率です。(10)

しかし、避難所の方々にとっての救いは、ながびく「仮設暮らし」の中にも互いに心のつながりが芽生え、それが大きな支えになっていることです。

――「地区でまとまって入居した仮設住宅は安心で、他地区の人と新たなつながりもできました」（Kさん　五〇代女性　宮城県岩沼市／東京二〇一三・一・一五）。

――「原発事故で一昨年（二〇一一年）七月、仮設住宅に引っ越しました。一緒に避難したお客さんの頼みもあり、仮設住宅で理髪店を再開しました。店はお客さんが財産。避難で散り散りになりましたが、秋田県にかほ市に避難した常連客は今も月一回来てくれます」（Tさん　六〇代女性　福島県会津若松市／東京二〇一三・一・二二）。

——「昨年〔二〇一二年〕五月から仮設住宅で壁新聞の取材や執筆を担当しています。支援団体や住民の紹介、自治会からのお知らせなどを模造紙に手書きしています。住民同士をつなげる存在になれれば、と始めました。住民は、どん底の状態から一緒にやってきたので、絆が強く離れがたいです。仮設を出た後も近くに住めれば心強いです」（Eさん　五〇代女性　宮城県仙台市／東京二〇一三・一・二三）。

——「周辺の三つの仮設住宅と地元町内会との交流組織『結いの会』を五月下旬に立ち上げました。震災四年目ですが、市内で初めての事例です。さっそく住民と被災者が仮設住宅で屋外バーベキューを楽しみながら親交を深めました」（Yさん　七〇代男性　岩手県釜石市／朝日二〇一四・六・一六）。

津波や原発災害で余儀なくされた仮設住宅住まいも長くなりました。先の見えない生活が続いています。それでも、ここに紹介した方々は、人のつながりを大切にし、互いに助け合うことで、不安を希望に変える力を身につけることができました。私たちが取り戻すべき何かを静かに教えてくれている事例です。

仮設商店街の絆

被災した商店主たちが寄り集まり、「仮設商店街」を作って営業を再開したところも数多くあります。二〇一四年三月一〇日付の東京新聞の特集では、「三ツ星復興商店街」というタイトルで、岩手・宮城・福島の「復興商店街」五二カ所が紹介されています。こうした仮設商店街は三県で約一七〇カ所（当時）作られているといいます。次はそうした仮設商店街の方々の声です。

――「仮設商店街『南町紫市場』でコロッケの専門店を営んでいます。〔中略〕商店街のみんなで工夫を凝らして作ったので、うれしいですね。商店同士の連帯感も芽生えました。紫市場の特産品として売り出す予定です。団結して地域を盛り上げ、再び南町で本物の商店街をつくりたいですね」（Sさん　五〇代女性　宮城県気仙沼市／東京二〇一三・三・一九）。

――「再開した私たちの店も入居する仮設の商店街では、他県の中学生と地元の中学生が合同で、吹奏楽を聴かせてくれました。支えてくれたすべての人たちに感謝したいです」（Aさん　六〇代女性　宮城県南三陸町／東京二〇一四・三・九）。

――「震災から十カ月後仮設店舗で店を再開しましたが、後押ししてくれたのは、かつてのお客さん。がれきの中から店の看板を見つけ、保管してくれていたんです。〔中略〕震災から丸二年過ぎると、ボランティアの人も減ったけど、一度来た人たちが口コミで宣伝してくれて、今も客が絶えません」（Kさん　四〇代男性　宮城県石巻市　すし店経営／東京二〇一四・三・九）。

仮設商店街の活気は、商店主たちの連帯感、地元や全国の人々の熱い思いによって形づくられていることがわかります。そこには、国や大企業レベルで進められる「市場の論理」とはまったく別の、「人のつながり」を基盤とした復興への歩みが見られます。

小商店を足がかりにして

仮設住宅・仮設商店街だけでなく、ＮＰＯ（非営利組織）の協力により動き出した小さなお店の取り組みにも、「支え合い」の精神が大きく宿っています。

宮城県石巻市で活動する地元ＮＰＯ「ぐるぐる応援団」は、仮設住宅の住民向けに買い物バスを運行する一方、定食やラーメンを出す小さなお店「いしのま☆キッチン」も開いているそうです。(11)「いしのま☆キッチン」のメンバーは一〇人あまり。子育て中の三〇代の主婦から、震災前は飲食店を経営していた六〇代の女性までさまざまな人たちで構成され、働ける時間帯が限られる人も、体力が衰えてきた人も、それぞれができる範囲でやりくりをする構成員本位の運営がなされているといいます。小さな力を集めて立ち上げたこのような団体が被災地にはたくさん設立されています。

福島県の阿武隈地域（浜通りと中通り地方の間に位置する標高二〇〇〜七〇〇メートルの丘陵地。飯舘村や葛尾村、浪江町津島地区などにまたがる）の農家の女性たちは生活の糧と生きがい求めて「かーちゃんの力・プロジェクト」を組織し、手づくりの弁当や漬物、豆菓子を売る事業を始めました。(12)二〇一二年の立ち上げ当初、ここで働く「かーちゃん」たちは三〇〜七〇代の一二人、そのうち避難者は六人でした。ガス台と流し台しかなかった空き店舗を借りて、道具や機械を持ちより、郷土の味を守ろうと「あぶくま茶屋」をオープンしたのが始まりです（私も、二〇一五年五月、ボランティアツアーでここを訪れ、その活動の一端に触れてきました）。

同プロジェクトが発行する「かーちゃん新聞」の最新号によると、(13)今後は、これまで活動を担ってきた「かーちゃんの力・プロジェクト協議会」と「一般社団法人ふくしまかーちゃんの力ネットワーク」を一本化し、新たにNPO法人「かーちゃんの力・プロジェクトふくしま」を立ち上げて活動を充実させていく予定だそうです。具体的には、①「かーちゃん」たちの生きがいと働く場づくり、②あぶくま地域の食文化の継承、③福島からの情報発信、④故郷に戻る準備など、これまで「かーちゃんの力・プロジェクト協議会」がやってきた活動を土台にし、これをさらに発展させていくことが目指されています。②の「食文化の継承」とは、元相馬農業高校校長の菅野元一さんが開発した「いいたて雪っ娘」という品種のカボチャや「イータテベイク」という品種のジャガイモの栽培、地元の漬物・味噌・お菓子づくり、これらの全国販売などが活動の中心です。また③の「福島からの情報発信」は、これらの活動を全国に紹介しながら、旅行社のスタディツアーや各種団体の視察を受け入れたり、逆に郷土料理の出張指導に出かけたりすることを指し、④の「故郷に戻る準備」は、「かーちゃん」たちのこうした知恵や技術の継承・普及を通じて、地元に戻る人たちが文化的・経済的に自立できるように手助けすることを指します。地元の「かーちゃん」たちが始めた小さな活動は、今では人と人との広域なつながりを目指す新たな地域おこしへと発展しようとしています。

一つの活動を継続していくには当然さまざまな困難が生じます。何よりも資金的な問題に悩まされます。「かーちゃんの力・プロジェクト協議会」代表の渡邊とみ子さん（六二）は、この点についての私の質問に、「国の補助金・委託金に頼ることなく自立することが今後の課題です」と語ってくれました。

これからスタートする「かーちゃんの力・プロジェクトふくしま」の前には今後も多くの困難が立ちはだかることでしょう。しかし、震災を機に深まった「支え合い」「助け合い」の輪は、「いいたて雪っ娘」や「イータテベイク」のように、きっと芽を出し大きく育っていくに違いありません。

NPOの活動

公共政策やコミュニティ論を専門とする広井良典さんは、「新しいコミュニティ」や「都市型コミュニティ」を作る上で最も重要とされるポイントを三つほどあげています[14]。①「ごく日常的なレベルでの、挨拶などを含む『見知らぬ者』どうしのコミュニケーションや行動様式」、②「各地域でのNPO、協同組合、社会的起業その他の『新しいコミュニティ』づくりに向けた多様な活動」、③「普遍的な価値原理の構築」、の三点です。第二のポイントが示すように、現在、NPOの可能性は大きく広がろうとしています。一九九八年にNPO法（特定非営利活動促進法）ができて以来、日本のNPO法人数は飛躍的に増えました。二〇一五年の内閣府の調査によると、同年一一月三〇日現在で認証NPO法人数は五万五八一団体にのぼっています[15]。

岩手・宮城・福島の三県においても、この四年間で新たに七三九のNPO法人が活動を始めたそうです[16]。私は震災以後、東北地方に何回かボランティアツアーや調査旅行に出かけ、ふるさとの復興を目指して活動する多くの地元NPOの方々と出会いました。NPO活動で得られる収入は決して多いとは言えませんが、その中で生き生きと目標に向かって活動する若者たちの志の高さには深い感銘を受けました。ここでは福島におけるNPO団体を一つだけ紹介しましょう。

「ザ・ピープル」（所在地：福島県いわき市）という団体です。この団体は古着のリサイクルや障がい者福祉、海外支援、社会教育、まちづくりなど多様な活動を続けているNPOですが、その活動は多くの若者たちに支えられています。二〇一五年一一月、この団体の代表である吉田恵美子さん（五九）に話を聞くことができました。

「ザ・ピープル」は、東京のNPO法人女子教育奨励会（JKSK）[17]の協力を得て、二〇一二年九月に「いわきおてんとSUNプロジェクト」を、また翌年二月には企業と連携した「いわきおてんとSUN企業組合」[18]を立ち上げて本格的に事業を開始しました。活動は大きく三つに分かれます。①「オーガニックコットンの栽培・製品化」、②「被災地をめぐるスタディツアー」、③「再生可能エネルギーの開発」です。

①の「オーガニックコットンの栽培・製品化」は、「食用でない作物をつくることで、福島の農業を継続させたい」という目的のもとで行なわれているそうです。吉田さんたちの活動をバックアップしている東京の会社「アバンティ」代表取締役の渡辺智恵子さんは次のようにいいます――「繊維製品の原料も製品も国内では作られなくなったのです。自給率は限りなくゼロです。食料の自給率が四〇％を切って衝撃的ですが、繊維のことは知られていません。〔中略〕福島は、風評被害で多くの農家が米や野菜を植えることをやめてしまいました。一方、いわきでは綿を植えること

に挑戦する人たちが現れました。〔中略〕福島をオーガニックコットンの国内最大の産地にし、そして糸作りも生地作りもこの福島でやれるようにし、繊維産業を再構築していきたいと思います」[19]。

「いわきおてんとSUN企業組合」でオーガニックコットンの商品開発・販売を手がける地元出身の酒井悠太さん（三四）は、同組合が事務所（いわき市好間町）として使用する古民家の隣にある「ものづくり小屋」で「ガラ紡機」による綿糸の製品化を模索しています。「ガラ紡機」とは、摘まれた綿を巻き取り綿糸を作る機械のことで、手摘みに近いものですが、酒井さんは大きな工場に頼らない「地元の人々のための職場」を作るためにこの研究を続けています。製品化し採算ベースに乗せるには「まだ時間がかかりそう」とのことでしたが、酒井さんの決意は不動です。

工業製品を作る一般企業に勤めていた酒井さんがこの仕事にチャレンジしようと思ったきっかけは、やはり震災体験です。震災後、オーガニックコットンと出会い、世界の繊維製品の生産事情――低賃金労働や農薬投与――を知り、被災してゼロから出発しなければならない福島の地で新しい形の繊維生産をやってみようと思ったそうです。うす茶色の「和綿」の、温かでやさしい風合いを見ていると、酒井さんがこの世界に魅かれたのもさもありなんと頷けました。酒井さんは、この仕事について、「手間はかかるけど、大切なコトに気づくことができました」と語っています[20]。

さて、②の「被災地をめぐるスタディツアー」は、富岡町、楢葉町などの「旧警戒区域」やいわき市などの津波被害地の視察、復興商店街の訪問・交流、オーガニックコットンの農業体験、自然エネルギー教室、ワークショップといったイベントを中心に組まれています。松本幸子さん（三一）

は、そうしたスタディツアーを運営する傍ら、福島と各地域を持続的につなぐ「おてんとファミリー」というグループで活動しています。種まきやコットン収穫体験、芋煮会などを行なう「おてんとエコひいきの会」を作り、会報も発行しているそうです。松本さんは「地域で農業を続けていくことで、景観が保全され、自然環境が守られ、『人が生きる場』を保つことができます(21)」「まずはできることから、生活に取り入れる提案をしていきたい(22)」と、肩肘を張らない持続的な活動に力を注いでいます。

③の「再生可能エネルギーの開発」の活動もまたユニークです。二〇一五年一一月七日から一五日まで、いわき市内郷白水町の国宝・白水阿弥陀堂がライトアップされました。原発事故で減少した観光客を呼び戻そうと企画されたものです。ほのかに紅葉する木々に囲まれた阿弥陀堂は、幻想的な美しさで観光客を魅了しました。拝観して驚いたのは、広い敷地内のすべての電灯が電源カー「おてんと号」の電力で賄われていることです。消費量の少ないLED電灯を使っての演出は、「電力」や「灯り」に対する発想の転換を感じさせるものでした。

「いわきおてんとSUN企業組合」が行なう再生可能エネルギーの開発の取り組みは多岐にわたっています。いわき市小川町の太陽光発電所の運営、太陽光パネルを作る講習会の開催、二台の「おてんと号」による電源供給（野外ライブ等）などさまざまです。この活動の先頭に立つ島村守彦さん（五八）は、「地域に希望の明かりを灯すのは自然エネルギーでありたい(23)」と意気込みを語っています。

これら一連の取り組みを支援する女子教育奨励会（ＪＫＳＫ）の会長の木全ミツさんは次のようにいいます――「日本経済の発展が必要だとする発想は、地球上に住む七百～八百の種族が共存していける健全な社会（世界）を維持していこうという人類共通の考え方からは、ほど遠いものではないでしょうか。『自分中心の日本人』と世界で揶揄されている実態から一日も早く脱却したいものです」[24]。ここには広井さんが「新しいコミュニティ」づくりの第三のポイントにあげた「普遍的価値原理の構築」という志向が見て取れます。

復興の中の伝統的コミュニティ

被災地各地ではさまざまな形の助け合いが復興の推進力として報告されていますが、なかでも私がとくに興味を引かれたのは伝統的なコミュニティにおけるそれです。

被災した方々の「集団移転」の進捗は現在もあまり芳しくありません。そんな中で注目されていたのが宮城県岩沼市玉浦西地区の事例です。二〇一五年七月一九日、この地区の街びらきが執り行なわれました。約三〇〇世帯一〇〇〇人が新しい暮らしを始めたということです。

この地区への集団移転のプロセスについては、早くから注目されており、二〇一三年四月一日付の朝日新聞でも取り上げられていました[25]。それによると、移転計画が順調に進んだのは、移転対象となった岩沼市沿岸部六地区がいずれも江戸時代から続く農村集落で、先祖の土地を受け継いだ人が多く、農作業の協力などを通じて長い間古くからのコミュニティが維持されてきたからだと言われています。当時の市長、井口経明さんは同紙の取材に、「住民の意向をもとに街づくりをしなければ、誰も移転先に住まなくなる。市はサポート役に徹した」と答えています。つまり、この地区の集団移転がスムーズに進んだのは、代々培ってきた日常の助け合い精神が住民同士の意思疎通を活発にし、全員が納得ゆくまで話し合うというプロセスの中で意見集約が図られ、市も、そうした住民主体の意思決定のあり方を最大限に尊重してきた結果だったのです。

もう一つ、雑誌『世界』でフリーライターの古川美穂さんが報告している重茂漁協（岩手県宮古市）の事例も伝統的なコミュニティに関わるものです[26]。

重茂漁協はこの震災で、保有していた漁船八一四隻のうち一六隻を残し七九八隻が流出するという壊滅的な打撃を受けました。しかし被災漁協の中でどこよりも早く復興の成果をあげたのも、この重茂漁協だったと言われています。

重茂が取った復興の方法は「共同船方式」というものでした――「サッパ船と呼ばれる小型の船に関しては、流されたもの、陸に揚げていたもの、県外の船などを可能な限りかき集め、修理できるものは修理して、漁協が買い取る。また新たに購入する船はすべて漁協が所有する。そうして漁協の管理のもとに共同で船を使用し、水揚げもすべて公平に分配する」[27]。こうしたことが可能であった理由を、古川さんは東京海洋大学濱田武士准教授の次のような発言を引いて説明しています――「重茂は研究者の間ではずっと優良漁協として取り上げられてきた漁協のひとつです。協同組合を見るときのポイントは二つあって、ひとつは組合員を核にしてしっかりした自治組織が形成されているかということ、もうひとつが、経営がしっかりしていること。重茂はこのふたつのバランスが取れている」[28]。古川さんはまた、伊藤隆一組合長の次のような発言を紹介しています――「沖さ出てしまえばめいめいの責任で操業するけれど、船を海に出すとき、帰って陸揚げするとき、これは一人ではできません。だから浜を利用している者は協同で手伝いをする。『結い』という言葉がありますが、まさにそれです。雑穀を作るときも、今日はオレのところ、明日はおまえのところと、お互いに種まきを手伝うのです」[29]。古川さんは重茂漁協の復興の鍵を「共同体」（コミュニティ）という伝統的存在に見い出し、次のようにまとめています――「集落ごとに、誰言うともなく共同体ですべてやってきたという歴史が、共同船を受け入れる下地ともなっていた」[30]。重茂を支えてきた伝統的なコミュニティの存在が、復興への知恵や力を生み出したというわけです。

古川さんは重茂の復興の推進力を伝統的なコミュニティの存在に見い出しつつ、これを阻害する「漁業の企業化」、その参入を促進する政治的な動きを、前述の濱田准教授の言を引いて批判します――「現場を中心とした『なりわい再生』が岩手県の復興基本理念だ。それを体現しているのが、漁船シェアリングを中心とした重茂漁協の取り組みといえるだろう。一方、宮城県知事のおしすめている水産復興特区構想は漁業の企業化、及び企業の参入を促すことを目的とする上からのガバメント方式だと濱田さんは言う」[31]。

伝統的なコミュニティによるこれら二つの事例は、いわゆる上からの復興ではなく、下からの復興の底力を私たちに示してくれるものと言えるでしょう。

二　家族・コミュニティの全国的再生

ここまで、東北被災地での「梢や木の葉の動き」（＝人々の思いを知る手がかり）を通じて、「家族やコミュニティを大切にしていこう」という大きな「風」（＝人々の集合的意識）が形づくられていく様を見てきました。

震災以降、この大きな「風」（＝社会のうねり）は被災地からだけでなく、全国各地からも吹き始めているように感じます。私は、大きな社会のうねりとはこうした「梢や木の葉」（＝個々の人々の「思い」）の集合がうねり出すことであり、そのうねりが社会や国家のあり方を変え、歴史に大きな変化をもたらすのだと考えています。この点について少しく自説を述べたいと思います。

民主国家における大きな社会のうねりを見ていく場合、私は次の三つの要素から観察するのが有効ではないかと考えています。①間接民主主義――議会を通じての変動、②直接民主主義――デモや住民運動を通じての変動、③「人々の思いや意識が変わることによって社会が変わっていく変動」です。③における変動は、一人ひとりの内部で生じた変化が社会のムードを変え、その集合的意識の変化が社会変動をもたらすというものです。また、①と②における変動が「言葉」によって先導されるのに対して、目に見えない人々の「意識」や「思い」、あるいは「日常的な営み（＝行動）」

によって先導されるのが③における変動です。それは最初は目に見えない形で進行しますが、ある日突然大きな変化——政権交代など——として私たちの目の前に立ち現れます。こうした目に見えない「風」（＝人々の集合的意識）の変化は、日常的にはあまり意識されることがないだけに重要です。

この変化を客観化していくには、「梢や木の葉の動き」（＝人々の思いを知る手がかり）と「風」（＝社会のうねり）の関係を具体的に措定していく作業が求められます。止まった「風」＝「空気」を知りたいと思えば、先に述べたように世論調査や各種統計の手法によってそれはある程度可能となるでしょう。しかし、「空気」の動き＝「風」を知るには「梢や木の葉」の存在を一つひとつとらえていくことが必要です。本来、政治家にしろ政治学者にしろ、一つひとつの「梢や木の葉」（＝個々の人々の「思い」）を掬い上げることができなければ、真の政治など語り得ないはずなのです。

じつは、私がここで採用した社会分析の手法は神島二郎が構築した〈政治元理表〉という一〇の〈元理〉に集約された政治理論——とりわけその中の〈帰《き》響《きょう》元理〉——に基づいています。〈帰響元理〉とは、ごく簡単に言えば、「人々の集合的意識」（＝〈人心《じんしん》〉）によって決定付けられる政治のあり方を理論化したものです。〈帰響〉とは、原義的には〈人心〉の向かう方向や到着点のことを意味します。多くの専門的な説明を要しますので、ここでは深入りしないことにいたしますが[32]、本書では「梢や木の葉の動き」（＝人々の思いを知る手がかり）と「風」（＝人々の集合的意識）の関係というわかりやすい喩えを使ってこの理論を援用しています。

それでは、引き続きこの分析手法に基づきながら、震災以後の日本社会の全国的なうねり（＝「企業や国家よりも家族やコミュニティを大切にしていこう」という「風」）を家族・コミュニティの二つの軸を通して見ていくことにしましょう。ここでは「直接民主主義」と「人々の集合的意識」の二つの要素から分析を試みます（「間接民主主義」については本書「結」で触れたいと思います）。

家族を軸に

デモの変容

私は原発事故以降、日本社会における一番大きな変化は、政治学者の五野井郁夫さんが言っているように「デモができる社会」になったことだと思っています。デモは先にあげた三つの要素で言えば「直接民主主義」にあたりますが、じつは「人々の集合的意識」にも関わるものです。

五野井さんは『デモとは何か』というタイムリーな本を出し(33)、日本における「デモ」の歴史を整理しています。それによりますと、近年、日本のデモは一九九〇年代以降、「暴力から祝祭へ」と変化したということです。五野井さんは、現実の戦争がリアルタイムでテレビ放映された一九九一年の湾岸戦争等を観察する中で、ドイツの思想家ヴァルター・ベンヤミン（一八九二～一九四〇）やフランスの作家ギー・ドゥボール（一九三一～九四）らの言う「スペクタクル（見世物）の社会」＝「消費資本主義」、つまり「企業やメディアが人びとの感情を操作し、商品需要を作り出す社会」

がこの時代に出来したことに注目し、それにともないデモの形態も新たな形を取り始めたと見ています。つまり、そうしたソフトな権力構造と対峙するために、暴力をイメージさせる従来型のデモから、実質的な変革を促す商品不買運動等のような非暴力的なデモへと変化していったということです。実際、「デモ」という過去の重苦しい響きを持つ言葉に代わって、「パレード」「ウォーク」「ラリー」といった軽やかな名称が用いられるようになったのもこの頃からです。震災直後には、脱原発デモを野外ライブのような乗りで行なう「サウンドデモ」が若者たちによって繰り広げられました。こうした一連の変化を指して五野井さんは、「楽しみつつ行われるデモによって、若者たちの間でデモのイメージは暴力から祝祭へと完全に転換した」[34]「二〇一一年の三・一一以後、直接民主主義の表現たるデモに対するイメージは完全に変貌を遂げた」[35]と述べています。「祝祭」とはカーニバル、祭り、非日常のハレ、つまり人々が日常から離れ、集う、にぎやかな時間と空間のことです。現代の「祝祭」としてのデモは、サウンドやコスプレ、歌の力、プラカード、人間の鎖など、人々が思い思いに形づくる多様な表現手段によって構成されています。

ところで、五野井さんは、「デモをしたところで、本当に社会が変えられるのか」という多くの人々が抱くであろう素朴な疑問を取り上げ[36]、その回答として思想家、柄谷行人さんの発言を引きながら、「デモができる社会」に変わったこと、それ自体が社会を変えたことを意味すると述べています。つまり、デモをすることによって「デモができる社会」に変わった、だからデモは社会を変える力を持つのだというのが五野井さんの答えのようです。

しかし、人々が聞きたいは、「デモが実際に政治や歴史に影響を与えうるか」ということではないでしょうか。確かにこれは、実証がなかなか難しい問題です。それでも、半世紀前の六〇年安保における歴史的デモが、その後少なくとも、岸信介政権の改憲路線から池田勇人政権の軽武装・経済成長路線への転換をうながす原動力になったことは現代史の示すところです。同じように、現在進行型のデモも、そうした大きな政治的、歴史的変化を生み出しつつあると私は考えています。私たちはそれを実感することができるはずです。現在、デモに参加している多くの人たちは、とにかく止むに止まれぬ気持ちで声を上げているのだと思います。そして自分たちの行動が何らかの力を持つことを信じ、何とかして今の政治や社会を変えていこうと気概を持って街頭に出ているのだと思います。その「集合的意識」こそが、すでに大きな政治的、歴史的変化の原動力を生み出していると見なすことはできないでしょうか。

先に述べたように、デモは社会のうねりとして「直接民主主義」のバロメーターと言えるものですが、じつは「人々の集合的意識」にも関わるものです。「直接民主主義」のバロメーターとしてだけ見るなら、橋下徹元大阪市長がかつてツイッターでつぶやいたように[37]、デモは「一億人の有権者からしたら数字にならないくらい」の小さな影響力しか持たないという考えも出てくるでしょう。しかし、「人々の集合的意識」という分析メガネを通せば、つまりデモを、目に見えない大きな「風」（＝人々の集合意識）を敏感にとらえる「梢や木の葉の動き」（＝人々とその思いを知る手がかり）と見るならば、その動き（＝デモの広がりやデモへの共感の広がり）は、背後に吹く「風」の力を十分に証明してくれるものでもあるのです。「デモは実際に政治や歴史に影響を与えることができる」という命題を解く鍵は、この「集合的意識」（＝「風」）の存在を私たち一人ひとりが体全体で実感していく過程の中に見い出されるのだと思います。

私もデモに参加しています。参加するたびに、こんなにもたくさんの人たちが同じ思い、同じ憂いを持って生きてきたのだなと確認できたことにまず安心します。参加した人々と語り合う中で、新しい見方、考え方を学びます。集まった人たちとともに、「これからどうなるか心配だ。自分はこうするつもり、ああするつもりだ」と必ず未来を語ります。デモに参加すると、自分自身も歴史の流れを形づくる無数の「当事者」の一人なのだという実感が沸いてきます。実感するたびに、かならず、少し変化した自分を発見します。変化した自分は家に帰って、家族や近隣の人たちとの関係を少しだけ変えます。「デモをしたところで、本当に社会が変えられるのか」という五野井さんが立てた問いに対する私の答えは、「デモそれ自体によってではなく、デモに参加した自分自身が変わっていくことによって、社会は変わっていく」ということになります。

自由に自分たちの意思を表現する「デモができる社会」は、当然良い社会です。しかし、「デモができる自由」が一転して「権力によって操作された自由」になってしまうこともあり得ます。権力（ここでは、政だけでなく、官・財・学・報（マスコミ）の複合体と理解してください）は、「デモができる社会」を一方で認めながら、他方ではそれを恐れています。反権力、反政府の運動に発展してもらっては困るからです。ときに「祝祭としてのデモ」を楽しませて「泳がせる」でしょうし、メディアを使ってデモの「退潮」を強調したり、過激にみえるところを誇張して宣伝し、他の参加者に監視や自主規制をうながしたりします。

そのような操作に惑わされず、「デモができる社会」をみなで育てていくにはどうしたらよいでしょうか。それは、各人が、自らの行動を客観視できるもう一つの場、「拠点」を持つことだと私は思います（第4章参照）。デモから帰って疲れをいやし、鋭気を養い、自身の行動を冷静に振り返り、次につなげるという意味での「拠点」です。デモは「ハレ」（＝非日常）の運動ですが、「拠点」での活動は「ケ」（＝日常）の運動となるでしょう。そうした「ケ」の運動に支えられてこそ、「ハレ」の運動は「粘土の足」（第2章五八頁参照）となることなく、力を持続していくことができるのだと思います。「拠点」とはすなわち、家庭や職場、友人の輪や地域の仲間が集う場のことです。

さて、「三・一一」以来、脱原発デモが全国各地で持続的に行なわれています。第二次安倍政権が発足してからは、政府が次々と打ち出す反民主主義・反立憲主義的な法案（秘密保護法案、安保関連法案等）に反対するデモがこれに加わり、法案成立後も重層的な反対デモが展開されています。

そうした「三・一一以後」のデモについて、最も注目しなければならないのはその「担い手」です。現在では「老若男女」のすべて、とりわけ女性・子ども・お年寄りの参加がごく普通に見られるようになりました。昔は労働組合と左翼の学生運動組織がデモの中心でした。時代や訴えるテーマが変わったのだと言われればそれまでですが、それでも今日のこの現象は「地殻変動」のような大きな変化だと私は思っています。

ここで、すこしく六〇年安保以後の日本の市民運動の特徴について、〈単身者主義〉批判という本書の視点を軸に見ておきたいと思います。

神島二郎は「六〇年安保反対運動」を次のようにとらえています――「〔この運動は〕単身者主義的な〈質〉をもって非暴力的にいけるところまで最大限いってみた運動であろうか」[38]。実際、その担い手は、労働組合、学生運動組織、「進歩的知識人」等、つまり会社人間、組織人、それを支援する人々によって構成されていました。

一九六五（昭和四〇）年から七四（昭和四九）年にかけて行なわれた「ベトナムに平和を！市民連合」（べ平連）の運動はどうだったでしょうか。代表の小田実（一九三二～二〇〇七。思想家・文学者）は発足時のパンフレットに、「私たちは、ふつうの市民です。ふつうの市民とは、会社員がいて、小学校の先生がいて、大工さんがいて、おかみさんがいて、新聞記者がいて、花屋さんがいて、小説を書く男がいて、英語を勉強している青年がいて、つまりこのパンフレットを読むあなた自身がいて」と書いています[39]。「べ平連」の運動は六〇年安保のときとは違い、組織にとらわれない個人の参加を基調にしたのが特徴でした。しかし、それは、この小田の呼びかけからもわかるように、肩書付きの「単身」的な市民による運動であったように思われます。こうした傾向は、五野井さんが言う「暴力から祝祭へ」と変わっていく一九九〇年代以降のデモにも見られた特徴でした。

以上が、〈単身者主義〉的視点から見たときに現れる、六〇年安保以降の日本の市民運動の特徴です。これに対して「三・一一以後」のデモはまったく違った様相をもって私たちの社会に立ち現れました。特筆すべきは、「三・一一以後」のデモには老若男女の自由な参加、そして家族で参加、という側面がたいへん色濃く表れていることです。もっとも、「母親参加」ということでは「べ平連」の運動にも一部見られました。また、目に灼き付いているのは、一九八六年のチェルノブイリ原発事故のとき、乳母車をひいた若い母親たちが日本でも大勢立ち上がり、脱原発デモを牽引したことです。青森県弘前市の「放射能から子どもを守る母親の会」は、以来三〇年にわたり脱原発デモを続けています(40)。しかし、そうした「母親参加」をさらに広げ、「家族参加」のデモをいっきに一般化させたのが今回の「三・一一」です。

最近のデモには「ファミリーエリア」があります。東京新聞の記事にも、この新鮮な試みに注目した記事が見られます――「赤ちゃんを抱いた母親やベビーカーを押した家族連れも。東京都世田谷区のフリーカメラマンSさん（五〇代男性）は一歳七カ月の長男など家族、親族七人で来た。〔中略〕初めて長女（七つ）を連れてきた浜松市の主婦Sさん（三〇代）は『暑さと人混みでバテているので、このエリアはありがたい。国会議員は国民の声を聞いて』と訴えた(41)」。

同紙はまた、初めて家族でデモに参加した人たちの声もたくさん拾い上げています。例えば――「家族五人で日比谷公園からのデモに加わった横浜市の団体職員Tさん（三〇代男性）は『デモに参加したことがないので、興味があって来た。原発はそもそも危険なもの。東京で使う電気を他県で作っているのがおかしい』と話した」[42]。何と小学三年生の子どもにうながされてデモに参加したママもいるようです――「長野県上田市から息子二人と来たＨさん（四〇代女性）は、小学三年の長男から『原発はいけないと思う。デモに行きたい』と言われ初めて参加した。『今も子どもの食べ物は不安。自民党が政権を取り、民意も原発賛成だとされてしまっているように思う。声を上げ続けなくてはと決意を新たにした』」[43]。

このように、現在起こっているデモの最大の特徴は何よりも子どもの参加、そして家族単位の参加にあると言えるでしょう。

ところで、「三・一一以後」のデモの特徴を「家族参加」という画期的変化としてとらえると、残念なこともあります。二〇一二年八月二二日、官邸デモがいよいよ盛り上がると、野田首相（当時の民主党党首）は重い腰を上げて市民との面会を行なうことになります。この面会には、市民運動のブレーン役の一人である小熊英二さんなども参加しています。小熊さんは映画『首相官邸の前で』（二〇一五）を自ら制作するなど、こうした新たなデモのスタイルを誰よりも評価している社会学者ですが、私はこの面会で気になることがありました。それは、面会に参加した「市民」たちの構成が青年・壮年の男性に偏っていたように見えたことです。私が市民の代表を人選するなら老若男女をバランスよく配置したと思います。お年寄りや、子どもをあやしている若いママ、大学生、これに小・中学生らが加わったならどんなに素晴らしい交渉場面になったことでしょう。そうなれば、まさにデモの質的変化を日本中に、いや世界中に大々的示す絶好の機会となったはずです。逆に言えば、それができなかった最大の要因こそ、日本社会が克服しきれない〈単身者主義〉にあると言えるわけです。

二〇一二年一二月の衆議院総選挙（小選挙区五九・三二％、比例区五九・三一％で戦後最低の投票率）で、自民党は二九四議席を獲得、公明党と合わせて三分の二以上の議席を占めることになりました。また、二〇一三年七月二一日の参議院選挙（投票率五二・六一％。参議院選では戦後三番目の低さ）でも自・公は過半数を占め勝利します。続く二〇一四年一二月一四日に行なわれた衆議院解散総選挙（小選挙区五二・六六％、比例区五二・六五％。前回の衆院選をさらに下回り戦後最低を更新）でも自・公で三分の二を維持する結果となりました。この結果を受け、安倍首相は憲法改正に強い意欲を表明し、集団的自衛権行使を可能にする安保法制（二〇一五年五月一四日閣議決定、二〇一五年九月一九日未明可決・成立）の立法化に向かいます。政府の強引なやり方に対し、反対デモの参加者が急増するのはこの過程においてでした。二〇一五年六月四日の衆議院憲法審査会で、三人の憲法学者、とくに自民党推薦の長谷部恭男早大教授が法案を違憲と主張したことが潮目になったようです。六月一四日の国会周辺抗議行動の日から、それまで二〇〇〇人規模だったデモの参加者が二万人を超えるようになります[44]。八月三〇日の国会周辺デモでは主催者発表で一二万人となり、国会前にあふれた人々の大きなかたまりが新聞報道されました。九月一四日には四万五〇〇〇人、法案が参議院本会議を通過した九月一九日には、夜中の二時過ぎまで数千人の人々が国会を取り囲み、声を嗄らして反対の声をあげました。いずれも、脱原発や沖縄・辺野古基地移設反対のデモと軌を一にする行動となりました。

「安保法制反対デモ」にはどのような特徴が見られるでしょうか。第一にあげられるのはその規模です。六〇年安保のときは、三〇万人が国会を取り囲んだと言われます。今回の八月三〇日のデモは一二万（主催者発表）ですから、それに次ぐ、実に半世紀ぶりの大規模デモです。また、この日は全国三〇〇カ所で同時集会が行なわれたそうです[45]。朝日新聞の「声」の欄で、福岡県の女性Nさん（七〇代）は次のように語っています――「八月三〇日、久留米市内で安全保障関連法案に反対する集会に参加しました。六歳、三歳、六カ月の孫息子たちの未来を守るため、『あの時、ババもがんばったよ』と孫たちに言えるように、そして私自身が『あの時、もっと抗議のために頑張っておけばよかった』と悔やまないように…。集会に参加したのは、そんな思いからでした[46]」。このような人々が、全国のあちらこちらで立ち上がったのです。

第二にあげられる特徴は、「三・一一以後」の脱原発デモがそのまま重層化し、年齢・性別・職業とも、さまざまな層の人たちが集まったことです。それぞれの属性ごとにグループもでき、グループ固有の意見表明も行なわれるようになりました。そうしたグループの中で一番話題になったのが、大学生の有志団体「SEALDs」（自由と民主主義のための学生緊急行動。シールズ）です。それに触発されて高齢世代のグループ「OLDs」（Otoshiyori for Liberal Democracy。オールズ）や、中年世代で作る「MIDDLEs」（Middle-aged against War。ミドルズ）も結成されました。高校生のグループ「T-ns SOWL」（ティーンズ　ソウル）や「T-ns SOWL WEST」（ティーンズ　ソウル　ウエスト）

も声をあげ始めました。職業的には従来の労働組合に加えて、東京の教員グループ「TOLDs」（Tokyo の Liberal で Democratic な Sensei たち。トールズ）、学者・研究者のグループ「安全保障関連法案に反対する学者の会」、文化・芸能界のグループ「安保法制と安倍政権の暴走を許さない演劇人・舞台表現者の会」などが作られました。たくさんの大学で、OBを巻き込んだ「有志の会」ができました。NGO（非政府組織）の有志は「九・一一」（二〇〇一年九月一一日に発生したアメリカ同時多発テロ）のときに立ち上げた「NGO非戦ネット」を再結成しました。そしてサラリーマンやOLは「スーツデモ」に、お母さんたちは「ママデモ」に集まりました。

なかでも私が注目したのが、「スーツデモ」と「ママデモ」です。「スーツデモ」は二〇一三年一〇月三〇日に初めて行なわれました。[47]「原発に反対しているのはごく普通に働く人たち」という趣旨で、都内の会社に勤める扇田未知彦さんらの呼びかけで結成されました。東京・新橋駅周辺を「原発反対」「家族を守ろう」などと呼びかけながら、六〇〇〇人がデモ行進したといいます。スーツは「会社人間」の象徴です。その「会社人間」が、会社のこと、自分の出世のこと以外の社会的問題に立ち上がったのです。この〈単身者本位社会〉の「内部反乱」とも言うべきデモは、デモの質的変化だけでなく、日本社会そのものの質的変化をも実感させる証となりました。二〇一四年一〇月二九日に行なわれた「スーツデモ」の参加者、Kさん（二〇代男性）は、「就職活動中に物流系の会社の最終面接で原発問題に関心があると話したら、入社したら余計なことは考えないように言われた。社会人になるからこそ発言しなくてはならないと思う」と言っています。[48]

「ママデモ」は二〇一四年三月二三日に東京・渋谷で行なわれたのが最初です[49]。東京・三鷹市のセラピスト魚ずみちえこさんらの呼びかけで約五〇〇人のママたちが集まり、「子どもを守ろう」「脱原発でいこう」「子どもに戦争をさせたくない」などと、道行く人にやさしい口調で呼びかけました。魚ずみさんは、「官邸デモ」に参加したとき、その熱気にすごさに心を揺さぶられながらも、「やめろ！」などという強い口調のかけ声に「幼い子どもに聞かせるのはどうか」と戸惑いを覚えたといいます。「官邸デモ」よりもはるかに「やわらかなデモ」が模索され、実行されたのが「ママデモ」だったのです。

この「ママデモ」から発展し、「SEALDs」に触発されて結成されたのが、「安保関連法案に反対するママの会」です。二〇一五年七月二六日、「だれの子どももころさせない」というプラカードを掲げ、たくさんの子連れのママたちが渋谷をデモ行進しました。この時点で、全国の「ママの会」は都道府県単位ですでに二九グループを数えていました。ママたちの背中を押したのはネットでのつながりでした――「一人で参加する度胸はないけれど、ネットで同じ不安を感じるお母さんとつながれたので、勇気が出た」と一歳の息子をベビーカーに乗せて参加した神奈川県のＳさん（三〇代）は言っています[50]。

日本社会は今、いわば〈単身者主義〉的な方向（それは自・公政権が取っている「夢よもう一度」の「経済成長主義路線」ですが）と家族・コミュニティの価値の見直しという方向とが二つの大きなベクトルをなして綱引きしている状況にあると言えます。勇ましい前者の動きに対して、後者の運動はあくまで非暴力的で、日常的・漸進的な不動の闘い方を続けています。まさしく《静かなる地殻変動》と名付けるほかない大きなうねりを生み出し続けています。

デモのように誰の目にも見える変化ではありませんが、以下に取り上げる事象も、《静かなる地殻変動》としてとらえられるものばかりです。デモが「梢や枝」の揺れだとしたら、これから紹介するものは「木の葉」の揺れくらいかもしれません。しかし、それは静かだけれども、強く深く地殻に触れています。

家族の絆の深まり

震災以後、家族や家庭に対する人々の意識が変わってきたことは、各種統計・世論調査によっても示されているようです。内閣府の二〇一二年の調査によると、[51]「震災後、強く意識するようになったこと」の第一位は「家族や親戚とのつながりを大切に思う」であり、二番目は「地域でのつながりを大切に思う」でした。

また社会学者の見田宗介さんも、現代では「『男女とも仕事より家庭を重視する』という家族像に変わった」と言っています。[52]見田さんが根拠としてあげたのは、一九七三年と二〇〇三年に行なわれたNHKによる世論調査です。[53]この調査では、一九七三年から二〇〇三年までの三〇年間に、「父親は仕事に力を注ぎ、母親はまかされた家庭をしっかりと守っている（性別役割分担）」と感じている人は四〇％から六％に激減し、「父親はなにかと家庭のことにも気をつかい、母親も暖かい家庭づくりに専念している（家庭内協力）」と感じている人は二三％から五九％に増加したという結果が示されています。

一方、震災後の二〇一二年末に発表された内閣府「男女共同参画社会に関する世論調査」（全国二〇～六〇代および七〇代以上の六段階の男女五〇〇〇人を対象。層化二段無作為抽出法。有効回収率六〇・七％）では、先のNHK世論調査の質問とは微妙に異なりますが、それとは逆の結果、つまり「夫は外で働き、妻は家庭を守る」という考えを持つ人が全体で五一・六％にのぼり、前回調査の二〇〇九年より一〇・三ポイント増加したことを報告しています。伸び率が最も大きかったのが二〇代で、二〇〇九年調査と比べて男性は二一ポイント増の五六％、女性は一六ポイント増の四四％となっています[54]。

この内閣府の統計から保守回帰と考える人もいるようですが、NHK世論調査に関する見田さんの指摘と重ね合わせると、むしろ「夫は外で働き、妻は家庭を守る」という言葉の奥にあるニュアンスが変わってきていると考えざるを得ません。「夫は外、妻は家庭」というい方は、昔は「会社中心主義」に結びついており、今日では最低限の稼ぎを確保した上で「まずは家庭ありき」「子どもを第一に」、というふうに考える人が増えているととらえるのが自然ではないでしょうか。

この内閣府の調査を特集した朝日新聞の記事には、「子どもが生まれたら専業主婦に」と望む神戸市の独身会社員（二四）や、「教員志望だが、仕事がつらくて夫の稼ぎがよければ辞めてもいい。働きっぱなしは、子どもとの心の絆に影響する」と考える鹿児島の大学生（二〇）の声が紹介されています。前者の女性は、「幼いころ、親の共働きで寂しい思いをしたから」というのがその理由だそうです。[55] これらのコメントにも、何よりも先に家族や子どもとの時間を大事にしたい、という気持ちがはっきりと表れています。

家族を大切にしていこうとアピールする文化活動の高まり

人々は震災や原発事故によってあらためて家族の大切さを認識することになりました。そうした変化を主題にした文化活動も震災後には盛んに見られるようになっています。作家、一般の人を問わず、体験記、詩・歌集、絵本の出版、音楽ＣＤの製作、音楽ライブ、演劇活動、映画の制作、そして新聞への投書など、その活動は多彩です。ここではそれらの諸活動の中から、映画監督の作品をいくつか列記しておきます。

比較文学者の四方田犬彦さんは、「三・一一」以後膨大な数の震災関連映画が制作されてきたと指摘しています。四方田さんによれば、二〇一三年に開かれた山形国際ドキュメンタリー映画祭のカタログには同年九月時点ですでに一八二本のドキュメンタリー映画が制作されたと記されているようです。[56] フィクションを含め、私も震災関連映画をたくさん観てきましたが、津波被害や原発被害そのものを題材にした映画だけでなく、次にあげるように、家族をテーマにした映画も驚くほど多いことにあらためて気づかされます。

二〇一一年の作品——小林政広監督『ギリギリの女たち』、松林要樹監督『相馬看花』、小林正樹監督『がんばっぺ　フラガール』、森達也・綿井健陽・松林要樹・安岡卓治監督『311』、滝口竜介・酒井耕監督『なみのおと』、大宮浩一監督『無常素描』。

二〇一二年の作品――園子温監督『ヒミズ』、内田伸輝監督『おだやかな日常』、園子温監督『希望の国』、藤原敏史監督『無人地帯』、加藤鉄監督『フクシマからの風』、藤川佳三監督『石巻市立湊小学校避難所』、船橋淳監督『フタバから遠く離れて』、古勝敦監督『トテチータ・チキチータ』、小林政広監督『日本の悲劇』、山田洋次監督『東京家族』。

二〇一三年の作品――島田恵監督『福島　六ヶ所　未来への伝言』、船橋淳監督『桜並木の満開の下に』、君塚良一監督『遺体　明日への十日間』、松江哲明監督『トーキョードリフター』、奥田瑛士監督『今日子と修一の場合』、桑山紀彦監督『不思議な石』。

二〇一四年の作品――久保田直監督『家路』、戸田彬弘監督『ねこにみかん』、田中光敏監督『サクラサク』、石井裕也監督『ぼくたちの家族』、木村大作監督『春を背負って』、以内千晶監督『物置のピアノ』。

二〇一五年の作品――竹永典弘監督『振り子』、前田弘二監督『夫婦フーフー日記』、内田英治・木下半太監督『家族ごっこ』、蝶野博監督『at Home』、黒沢清監督『岸辺の旅』、山田洋次監督『母と暮らせば』、阿久根知昭監督『はなちゃんのみそ汁』。

二〇一六年二月には大西暢夫監督の『家族の軌跡――3・11の記憶から』の全国上映が東京都三鷹市から始まりました。

紙幅の関係で映画の内容までは紹介できませんが、いずれも家族の絆を扱っています。「家族」というものが震災を機に社会的な関心事となり、見直され始めていることがわかります。

ダウンシフター

ダウンシフター（Down Shifter ＝減速生活者）とは、高所得でストレスの多いキャリア重視型の生き方（ライフスタイル）から、自分の時間や家族との時間を大切にする生き方へと価値転換を図ろうとする、簡素な生活者のことを指します。二〇〇〇年に邦訳されたジュリエット・B・ショア『浪費するアメリカ人―なぜ要らないものまで欲しがるのか』（森岡孝二監訳　岩波書店）で初めて日本にも紹介された言葉です。

二〇一四年五月九日のNHKテレビ「特報首都圏」では「ダウンシフター」というこの生き方が紹介されていました。「ばりばり働いて自分の時間を持てなくなるより、収入が減ってものんびり自分の好きなことをしていきたい」「家族との時間を持ちたい」と考える人が増えているそうです。日本で最初に「ダウンシフター」の実践で有名になったのは、現在東京・池袋で週休三日、営業は夜の六時間のみというバーを経営している高坂勝さんです。かつてはバリバリの企業戦士でしたが、ノルマに追われ体調をこわし、それまでの生き方を問い直しました。会社を辞め、バー経営を始めた高坂さんは、今では家族との時間を取り戻し、お米や大豆を作りながらの半農半バーの生活の中で、散歩や読書もたっぷり楽しんでいるそうです。(57) 家族との時間を第一に「ダウンシフト」した人として、番組では埼玉県川越市に住む男性Kさん（三〇代半ば）が紹介されていました。三〇歳まで出版社勤務だったKさんのそれまでの年収は六〇〇万円。生活には十分でしたが、一番大事にしたかった家族との時間が持てずに悩んでいたそうです。出版社を辞めて自費出版の仕事をするようになった現在の年収は二六〇万円に減り、贅沢はできなくなりましたが、それでも十分に暮らしていくことができ、何よりも家族と過ごす時間を手に入れられたことが一番うれしいと言っています。

高坂さんのバーに集まるお客さんも、高坂さんの考えに共鳴し、同じような生き方を実践したり目指したりする人が増えているそうです。そうした人が増えていることについて、高坂さんは次のように言っています――「世の中が本当に変わってきているのです。凄い勢いで時代の変化が進んでいる証拠です。一人ひとりは小さいけれど、一人ひとりの変化からしか何も変わりません。〔中略〕もし、今の社会に疑問があるなら、すでにその人は先駆者かもしれないのです。新しい時代の先駆者は、そのほとんどが古い時代の劣等生や脱落者だったのですから(58)」。「凄い勢いで時代の変化が進んでいる」――高坂さんをしてこのように発言させるものが、現在さまざまなところでうごめき始めています。私の言葉で言えば、「強い風」が吹いているということです。

家族の再生を見えにくくしているもの

ところで、震災前はどちらかと言えば、未婚者・独居世帯の増加に焦点を当てて、「家族」ではなく「個人」を前提に社会の再編をうながすという論調が目につきました。例えば、朝日新聞は、二〇一〇年に「孤族の国」という特集を組みました。同紙はこの特集の結論部で次のように言っています――「問題なのは、日本が『個人を単位とする社会』へと変化しているにもかかわらず、政策も人々の意識も、昭和／高度成長期にとどまっていることではないか。精神科医の斎藤環さんは『日本は「家族依存社会」だ』と言う。国が担うべき仕事、社会保障などを家族に押しつけてきた、という意味だ。家族が『孤族』へと姿を変えた今、このやり方は通用しない。〔中略〕誰もが『孤族』になりうることを前提にして、新しい生き方、新しい政策を生み出すしか道はない、と考える」。(59)

私の認識はこうした朝日新聞の認識とは異なります。第2章で見てきたように、家族は「昭和／高度成長期」以前からその実質を失っていたのであり、すでに明治近代の歩みの中で崩壊していたのです。これが私の認識です。「『個人を単位とする社会』へと変化している」のだから「誰もが『孤族』になりうることを前提にして、新しい生き方、新しい政策を生み出すしか道はない」――同紙のこの主張は震災前年のものでしたが、果たして現在の日本社会は、家族を単位としない「新しい生き方」を本当に求めているのでしょうか。社会保障の充実は、当然、万人（個々人）に行き渡らせるべき国の基本的課題ですが、この問題と家族の価値に関わる問題とは、まったく次元を異にする議論だと思います。

家族は崩壊したのではありません。すでに崩壊して「いた」のです。近代日本における家族は、一貫していわば《虚族》であったのです。それが今生まれ変わろうとしているのです。

家族の再生を見えにくくしている一つの原因は、高度経済成長期の理想（夫婦＋子ども二人という家族形態のみを家族とみる見方）を当然視する風潮が、今も根強く残っているからではないでしょうか。家族社会学を専門とする山田昌弘中央大教授は、従来の観念にとらわれず多種多様な新しい家族のあり方を認めていくべきだとしています――「高齢者同士の結婚、同性カップル、夫婦別姓、シェアハウスなども、『友だち以上』の関係を築く場だ」[60]。

こうした多様な家族形態に対応した住宅形態が、まさしくシェアハウスなどの「集住体」（コーポラティブ・ハウス、コレクティブ・ハウス、シェアハウス等）として近年急速に普及し始めています[61]。

さまざまな形態の結婚は当然認められるべきです。明治の婚姻制以来、日本では届出婚が一般化したため、「同棲婚」（事実婚）の家族が今も制度的・社会的に不利益を被っているケースが少なくありませんが、人間としての共生のあり方として、こうした結びつきが差別される謂れなどどこにもありません。第1章で触れたように、スウェーデンでは同棲婚も法律婚に準ずる法的権利として認められていますし（サンボ法）、フランスの場合も同様です（パックス＝民事連帯契約）。

コミュニティを軸に

では次に、震災以後の日本社会の変化をコミュニティの再生というの面から見ていくと、どのような姿が浮かび上がってくるでしょうか。

町内会・自治会の戦後史

アジア・太平洋戦争後の一九四七（昭和二二）年、町内会・自治会がポツダム政令によって解散させられ、一九五二（昭和二七）年のサンフランシスコ講和条約の発効とともに活動再開が認められたことは、すでに第2章で触れたところです。その後、町内会・自治会は任意団体という性格を持ちながら、実際には行政との緊密な関係の中で発展していきました。

玉野和志首都大学教授によると、[62]町内会・自治会の最盛期は一九七〇年代（昭和四〇年代半ば～五〇年代半ば）ということです。この時期、役員層（ほぼすべて男性）の中には町の有力者も少なくなく、彼らは独自に保守政党の政治家を積極的に支えるようになります。しかし、八〇年代（昭和五〇年代半ば～六〇年代）になると、担い手層の高齢化にともなう組織率の低下、他の市民団体の台頭（生活協同組合・NPO等）によってその衰退期を迎え、平成の九〇年代以降は再生を模索する転換期に入っていったということです。

玉野教授によれば、近代日本において町内会・自治会が発達した理由は概ね次のようになります。明治以降、農村から都市に出てきた次男、三男の多くは、まず都市労働者として新たな生活を出発させます。そして、労働者の権利として労働組合を組織しますが、それらは国からの弾圧もあり、欧米のように「階級的」に結集することはありませんでした。むしろ、労働者として技術を身につけたり小資本を蓄えることができた人たちは、次々と工場主や商店主になっていきました。これら「自営業者」の人たち、あるいはもともと地元に住んでいた人々によって自主的・自発的に組織されたのが町内会・自治会だったのです。やがてこの組織が戦時体制下の国の末端組織として公認されていくわけですが、国家のお墨付きをもらえるということは、農村から出てきた人々にとっては一種の成功感をもたらしました。

戦後復活した町内会・自治会も、こうした自営業者たちを中心にして担われました。回覧配布などの行政の協力作業や、夏祭り・運動会・子ども会・敬老会などの福利活動を通して、その存在意義を発揮することになったのです。

町内会や自治会が戦後日本の都市コミュニティ（「住民のつながり」）を維持してきたことは間違いないでしょう。しかし、一方ではこの組織が行政の「下請け」組織や保守的な政治家の集票組織として機能してきた事実も忘れてはならないでしょう。

朝日新聞は、二〇一五年九月二七日より六回にわたって、転換期・過渡期にある町内会・自治会を取り上げ特集を組みました(63)。そこでは、任意団体でありながら強制加入の性格を強める今日の脆弱化した組織の実態がクローズアップされています。当初持っていた自主的・自発的性格が、行政主導という長年の惰性や高齢化による担い手不足によって失われている現状を全国的な傾向として指摘するものです。

しかし震災後、その自主性・自発性を備え持つ町内会・自治会の存在が、新たな形で脚光を浴び始めています。そんな中で私が注目する町内会・自治会を三つほど取り上げてみたいと思います。

新しい町内会・自治会の形

①福住町町内会（仙台市）――仙台市東部のごく普通の住宅地、宮城野区福住町の町内会（会員約一二〇〇人）が防災活動に本腰を入れ始めたのは、二〇〇三年の宮城県北部連続地震がきっかけでした。以来、「この町から一人も犠牲者を出さないために」という合言葉のもと、「福住町方式」と呼ばれる「全員参加型」の防災・減災活動がこの町で地道に続けられています。菅原康雄・三好亜矢子著『仙台・福住町方式　減災の処方箋』(64)からこの「福住町方式」を見ていくことにしましょう。

この「方式」の特徴は、(1)いざというときにお互いが助け合うための「名簿づくり」、とりわけ「重要支援者」（一人暮らしのお年寄りや障がい者、日中は一人の高齢者など）の名簿化、(2)「防災わがまち　福住町自主管理マニュアル」の作成と、町をあげての防火・防災訓練の実施、(3)仙台市内外の町内会や市民団体・グループと結ぶゆるやかな「災害時相互協力協定」の締結、(4)日頃のご近所づきあい、というところにあります。ここには、住民の命を守る「防災・減災」活動を軸にしてコミュニティづくりそのものを活性化させようとする発想が埋め込まれています。これらのいくつかは、ある意味ではコミュニティづくりの基本を示すものです。しかし高齢化が進む現状では、いざやるとなっても、なかなか思うようにいかないというのが多くの町内会・自治会の実状です。福住町町内会では女性や若者たちの考え方を積極的に取り入れながら、「当たり前のことを行なう」「できることから始める」「日頃の積み重ねを大事にする」というモットーのもとで、今回の震災のときにもその力を発揮し、人命に関わる大きな被害を一つも出さずに乗り切ったそうです。「福住町方式」が機能する秘密はどこにあるのでしょうか。さまざまな要素があるはずですが、ここでは「人とのつながり」という視点から三つほどあげてみたいと思います。

一つは、防災・減災を基本にした住民同士の結びつきです。福住町町内会では、夏祭りや秋の運動会、子ども会、敬老会、花壇づくり、手芸活動など、年間七〇に及ぶ行事を行なっているそうです。テレビやパソコンで面白いことがあふれている現代、人集めだけを目的にしたのでは、これらの活動を長続きさせることはできません。水害や地震の多いこの地域では、誰でもその被災者となる可能性があることを常に念頭に置きながら、日常のさりげない「声がけ」はもちろん、住民たちが直接顔を合わせる機会をさまざまな行事を通してたくさん作ってきたといいます。「互いに見守り合う場」を何よりも大切にしてきたのです。ここに町内会・自治会の再生のヒントがあるように思われます。「町内のみんなが顔見知り」というコミュニティづくりです。福住町町内会では、年一回の大防災訓練を「お祭り」と位置付けています。「楽しく、にぎやかに」をキャッチフレーズに、町外の人たちにもさまざまな防災ブースで参加してもらい、終了後は「大芋煮会」と称して互いの労をねぎらうなど、今では一つの親睦的行事として定着しているそうです。

二つ目は、行政に従属しない自治意識です。二〇一四年の記録的豪雨の際、同町町内会会長の菅原康雄さんは独自の判断で、仙台市立福住町公園を臨時駐車場として開放しました。「緊急の場合、公園のような公共施設の利用について行政に何から何まで許認可を求める余裕はありません。『間に合わなかった』では済まない事態への対応を最優先する必要があります(65)」と、菅原会長は言っています。何でも「お上」にお伺いを立てるという日本人の心性を乗り超え、あくまで住民の立場に立って事にあたること、じつはこれが、自治活動にとっては最も大切なことかもしれません。

三つ目は、町内会・自治会とのヨコのつながりです。大きな災害が起こると、電気・ガス・水道・通信・交通等のライフラインが絶たれます。その空白と復旧までの約一週間をどう乗り切るか。福住町町内会は、どの町にもある小さな町内会・自治会・グループの単位でなら手を組みやすいと考え、「ご縁」のある県内外の町内会・自治会をメインにして「災害時相互協力協定」の締結を呼びかけました。締結内容はきわめてシンプルで、文言としては「災害発生時にはボランティアで、できる範囲の協力と支援を行う」という一項のみです。これが、先の震災ではものをいいました。発災四日後の朝、自前の生活物質が底をつき始め、集会所等に避難していた住民たちの疲労がピークに達した頃、「協定」を結んでいた山形県尾花沢市の鶴子地区の人たちがトラックいっぱいに食料や生活物資を積んで駆けつけてくれたのです――「『来たゾォー』の声がこんなに胸に響いたことはありませんでした。本当にありがたく嬉しく感じました。一刻も早くと届けてくださった鶴子地区の皆さん、その熱い思いをもっと熱い思いで受け取ったあの日の感激を、一生、忘れることはありません[66]」と菅原さんは言っています（鶴子地区の人々との「協定」は、かつて福住町町内会が、誰に頼まれるでもなくこの豪雪地帯へ「雪かき支援」に行ったことがきっかけだといいます）。その後、協定関係の有無にかかわらず、日頃交流を深めてきた県内外の団体・グループ・個人の方々も、続々と支援に駆けつけてくれたそうです。

幸い、福住町の被害は最小にとどまりました。そこで、発災六日目からは、いただいたそれらの物資や義援金を今度は被害の激しかった地域、なかでも支援の最も届きにくい奥地に届ける活動を開始します。その支援は被災地三県に及び、今も続けられているそうです。ちなみに、「協定」を結んでいる団体は二〇一六年二月現在で一〇団体（町内会・自治会七・市民グループ二・民間企業一）、それ以外にも、全国五〇ほどの団体と互いに行き来し交流を続けているとのことです(67)。

行政等とのタテのつながりではなく、人々とのヨコのつながりを何よりも大切にする福住町町内会の取り組みは、コミュニティの新しい関係づくりのあり方に、多くのヒントを与えてくれる事例と言えそうです。

②森の里団地自治会（名古屋市）——次に見ていくのは、名古屋市緑区にある市営住宅「森の里団地」です。万が一のための地域の助け合いということでは、森の里団地の場合も、震災前から行なわれていた事例として知られています。

森の里団地の自治会は二〇〇五年以来、希望者を対象に独居高齢者から自宅の鍵を預かり、急病や災害時など万一の緊急事態に備えているそうです(68)。自治会長の小池田忠さんは、「鍵を預るのは財産を預ること」といいます。三〇年前に建てられたこの市営住宅には約二八〇〇人が住んでいますが、六五歳以上は約三割、独居は約一九〇人と高齢化が進んでいることから（二〇一〇年現在）、会長自らが希望者の鍵を預かることにしました。ここでも、町内会・自治会の活動は「助け合い」

「支え合い」の精神によって形づくられていることがわかります。

震災以後、全国的にも避難場所の確認やＡＥＤ（自動体外式除細動器）の設置・取り扱い訓練が町内会・自治会単位で盛んに行なわれるようになりました。こうした防災・減災の取り組みが住民たちの手で自発的に行なわれていけば、「助け合い」「支え合い」のコミュニティづくりも、より具体的な姿かたちを見せてくれるのではないでしょうか。

③海潮地区振興会（島根県雲南市）——東京大学名誉教授の神野直彦さんは、島根県雲南市の住民たちが作る組織「海潮地区振興会」の自治のあり方に注目しています(69)。山間地にある同地区の人口は約二〇〇〇人。少子高齢化が進み、財政が逼迫する中、この地区の住民は、できるだけ行政に頼らずにコミュニティを機能させる、新たな自治組織のあり方を模索してきました。子育ては地域全体で、地域のことは住民全体で、という「分かち合い」「相互扶助」の精神を大切にしながらの取り組みです。現在、住民は世帯あたり年七五〇〇円の振興会費を役員会に納め、保育士を自分たちで雇用し保育園を運営したり、既存の各種団体（ＰＴＡ協議会、消防団、自治会、商工会、駐在所、体育協会等）と連携して地域づくりを行なっているそうです。役員会は執行機関として、また地域の各種団体代表者で作る評議会は議会的な役割として機能し、まさに地方自治の形成プロセスを体現するような組織として全国的にも注目されているようです。

「海潮地区振興会」の活動事例を見ていると、イタリアの「人民の家」（老若男女の市民・労働者・

社会運動家・宗教人など、あらゆる階層・身分の人たちが集うイタリアにおける草の根の政治・文化運動の単位）のような取り組みを彷彿とさせ、いつかは市町村単位とは別の、独立した自治が、日本の地域にも生まれるかもしれないという期待感さえ膨らんできます。「人民の家」に詳しい立命館大学名誉教授松田博さんによると、現在イタリアで一千カ所以上ある「人民の家」の起源は一九世紀半ばの「SMS」（相互扶助協会）や「チルコロ」（サークル）にさかのぼり、協同組合、労働組合、労働者政党が形成される一九世紀後半頃に地域的民衆文化運動の拠点として大きな発展を遂げました(70)。「人民の家」の大きな特徴は、まさにその自発性・自主性にあります。この活動によって、地域の施設・設備の大部分が地元の勤労市民層のカンパと自発的勤労奉仕のもとで建設されています。日常的な運営もボランティア主体で担われています。主な活動領域は文化・レクリエーション・スポーツ関連ですが、社会・政治問題の討論会・学習会もごく普通に行なわれています。「人民の家」は地域住民による自治意識の涵養の場として機能しているのです。

日本では老若男女を問わず政治的無関心が問題になっていますが、その大きな理由の一つは、自由に、気軽に、楽しく語り合える「討論の場」が日常的にはほとんど存在していないからだと思います。そうした「場」が増えていけば、「新しい政治」の形も個々の地域の内側から生み出されていくのではないでしょうか。近年、上からの地方分権化施策として「道州制」の導入などが議論されていますが、重要なのはそうした官製型の自治の実現ではなく、下からの自治、つまり住民の自発的な意志による文字通りの自治を育てていくことではないでしょうか。海潮地区振興会の事例は、私たちにこうした議論の広がりをも付与してくれるように思います。

コミュニティ再生運動

①内山節さんの運動（群馬県上野村）――震災後、町内会・自治会といった最小単位のコミュニティ活動だけでなく、市町村単位のコミュニティ再生運動にも従来以上の関心が寄せられるようになっています。

ここではまず、哲学者の内山節さんが実践する運動から見ていきましょう。内山さんは一九七〇年頃、二〇歳から群馬県上野村に通い始め、そこで家を譲り受け、以来四〇年以上にわたり東京との往復生活を続けています。上野村の人々と生活を共にし、その生活環境を村人たちとともに維持していくことが内山さんの運動です。村人たちの営みの様子を、内山さんは次のように書いています――「上野村は人口が千四百人弱の村であるが、森の手入れや製材、木工品の生産、ペレットの製造、発電、一部の木のおがくず化とそれを利用したキノコ生産、さらには何にも使えない部分を利用した堆肥の生産などで、広い意味で森とともに働く人々が百五十人ほど存在している。そうやって、森とともに村人が働く経済を少しずつつくりだしてきた。みんなが生きることができる経済をつくってこそ、誰も傷つけない社会が形成できると考えてきたのである[71]」。

内山さんは、日本の戦後史は村々（「共同体」）の解体の歴史であったとみています。しかし、一九七〇年代以降、自然への関心や都市社会への不安が高まる中で、「支え合う社会」としての「共同体」の価値があらためて見直されるようになってきたといいます(72)。そして震災以降は、相反する二つの動きが勢いを増してきたと述べています――「ひとつは自分たちのコミュニティを再創造しながら、ともに生きる社会をつくりだしていこうとする動きであり、もうひとつは以前の社会に早く戻そうとする動きである。後者から原発の再稼働やアベノミクスなどの動きがでてくる」(73)。

内山さんが示すこの二つのベクトルは、本書が示した二つのベクトル、すなわち「家族やコミュニティを重視する生き方」と「企業や国家を重視する生き方」というベクトルにも重なります。

②地域再生機構（岐阜県郡上市）――次は、水車による発電を通じたコミュニティ再生運動の取り組みです。ここではＮＰＯ法人「地域再生機構」の副理事長、平野彰秀さんの発言からその運動理念を見ていきましょう(74)。

二〇〇七年から水車を使った小水力発電を行なっている平野さんの活動の場、岐阜県郡上市白鳥町石徹白《いとしろ》地区は雪深い集落で、冬になると外部との行き来が遮断されることも少なくない山あいの地域です。この地区では「水車」を中心に農産物加工所や特産品を売るカフェなどができているそうです。同機構はこの「水車」を通じて、住民たちが足りないものを互いに補い合う、支え合いのコミュニティづくりを目指してきました。朝日新聞の取材に平野さんは次のように答えています――「『失われた二〇年』で喪失したものを取り戻そうと躍起になっても、もう無理でしょう。経済成長を前提にした社会モデルに固執するのはもうやめて、次の社会モデルを準備した方がいい。

日本が次にめざすべきは『足るを知る』社会であり、地域の特性を生かした地産地消型の自然エネルギーがカギになると思います〔中略〕自分たちの手で、自分たちの暮らしをつくっていくという自治の精神、石徹白の人がよく使う言葉を借りれば『甲斐性』を取り戻すことです。〔中略〕自然エネルギーは、自治再生のとてもよい教材です。『おまかせ民主主義』といわれるような政治のあり方を変えていくきっかけにもなると考えています」(75)。

「豊かさとは何か」という記者の問いにはこう答えています――「信頼できるコミュニティ、人と人とのつながりがあって、お金に頼りすぎずに生きられることですね。隣近所で融通し合ったりする『おすそ分け』の経済があった方が安心でしょう。お金をたくさん稼がなきゃ生きていけないという強迫観念があるから、みんなが利己的になる。経済成長しないと福祉を担えないと国はいいますが、共助で代替できる部分は少なくない。『独り占め』から『おすそ分け』へと価値観を転換させる必要があるし、若い人たちはすでに転換しつつあると思います」(76)(傍点：引用者)。自然が持つエネルギーに「共助」という力が加われば、目指すべきコミュニティの姿かたちもくっきりと見えてくるに違いありません。

自然エネルギー運動に基づくコミュニティ再生運動

平野さんが言うように、「自然エネルギーは、自治再生のとてもよい教材」になると言えそうです。震災以後の「コミュニティ再生運動」の最大の特徴は、「自然エネルギー運動」の中にこの「自治再生」という問題意識が埋め込まれていること、また逆に、「自治再生」を目指す動きの中に「自然エネルギー運動」が加わっていることです。

各地で、自然エネルギー由来の発電が燎原の火のように広がっています。太陽光発電の例——熊本電力、会津電力（福島）、徳島地域エネルギー、東京・世田谷の太陽光発電所等。コージュネ発電（ガスを燃やした発電）の例——東京・六本木ヒルズ、東京・日本橋三井不動産等。小水力発電の例——地域再生機構（岐阜）、パルシステム東京等。地熱発電の例——摩周湖温泉（北海道）、土湯温泉（福島）、七味温泉（長野）等。バイオマス発電（植物や生物のエネルギーを源にした発電）の例——岡山県真庭市、岩手県住田町、岩手県柴波町等。水素発電の例——山口県周南市、北海道室蘭市等。注目すべき取り組みが全国のあちらこちらで始まっています。

①たまでん（東京・多摩市）と、ほうとくエネルギー株式会社（神奈川県小田原市）——東京・多摩市の多摩電力合同会社（略称、たまでん。二〇一二年一〇月設立）が行なっている太陽光発電は、まだまだ地域の電力を担うだけの規模にはなっていません。しかし、そこには次のような理想がありまず。「たまでん」代表の山川洋一さんはいいます——「これまでエネルギーを消費する一方だった都市部が発電できるようになれば、全国のモデルになるはずです。だから私たちは、多摩でしかできないことではなく、むしろどこででもできることを形にしていこうと思っています(77)」。福島第一原発事故後、事の重大さを敏感に感じ取った人々が地元多摩でも声をあげ、エネルギー源の転換に

ついて考える市民の集まりを盛んに持つようになりました。それが「たまでん」設立の決定的な動機付けになったそうです。「たまでん」は、自然エネルギー運動を通じた地域社会の見直しという明確なビジョンを持って企業活動を続けています。

原発に依存しない地域社会を目指すこうした団体が集まってできた組織に「全国ご当地エネルギー協会」（二〇一四年五月設立）があります[78]。同協会の会員は二〇一六年二月段階で三八団体を数えるほどに発展しています。会員団体の一つ、神奈川県小田原市の「ほうとくエネルギー株式会社」を取材したルポライターの高橋真樹さんは、「思想は違っていても、地域にとって何が重要かを話し合い、協力してひとつずつ形にしていくのが、小田原のコミュニティの面白さ。そこには、これからの地域づくりのヒントがあるように思う。〔中略〕小田原の人々が掘り起こしているのは、発電所跡地〔大正時代に作られた小水力発電所跡地。現在その整備事業が行なわれている〕だけではなく、地域の力そのもののように感じる」と言っています[79]。

安全で持続可能な福島の再生運動を続けている社団法人「ふくしま会議」の代表理事で民俗学者の赤坂憲雄さんは、この「全国ご当地エネルギー協会」を評して「まだ数十だが千になり、万になれば、きっと日本社会を変えられる[80]」と述べ、その全国的広がりに大きな期待を寄せています。

「ほうとくエネルギー株式会社」は、小田原市の「屋根貸し」政策（公共施設の屋根を太陽光発電事業者に貸し出す事業）に呼応して、地元企業三八社が出資し、市民の賛同も得て設立された会社です。民間と行政の協力関係で進められるこうした自然エネルギー運動は、日本各地でさまざまに試みられています。次の紹介する岡山県真庭市の例もその一つです。

②岡山県真庭市――古くから林業で栄える真庭市は、すでに一九九〇年代から廃材のリサイクルによって木材資源の循環系を築くなど、地域コミュニティ再生運動の先進的な町として知られています。同市は二〇〇六年に、家畜排泄物や食品廃棄物をバイオマスとして活用する構想が評価され、国から「バイオマスタウン」（二〇一三年に「バイオマス産業都市」に改称）の認定を受け、補助金を得てきましたが、以来今日までさまざまなバイオマス資源を利用した発電事業を行なっています。二〇一五年には真庭バイオマス発電株式会社が稼働を開始しました。この会社は、人口約四万八〇〇〇の真庭市の二万二〇〇〇世帯分の電力需要に対応できる発電力を持っています[81]。

こうした真庭のバイオマス発電運動の発端は、地元の若手経営者の組織「二一世紀の真庭塾」の設立に始まります。一九九三年立ち上げのこの民間グループが自治体や国を巻き込み、真庭の地場産業である林業を復興させたのです。「バイオマスタウン」の形成において大きく貢献している会社の一つに、銘建工業株式会社があります。同社はいち早く、自社の生産工程から出る廃材を有効利用し、開発した木質ペレットによって電気の自給化等を行なうことで真庭のバイオマスタウン化を牽引してきました。最近はCLT（クロス・ラミネイテッド・ティンバー）という、耐震・耐熱に優れた集成材による高層建築事業を推進しており、真庭市役所もこれを取り入れています。木製ペレットで庁舎内の冷暖房を賄ったり、庁舎玄関にはCLTを使うなどして、企業や市民と一体となって一連の取り組みを盛り上げています。

真庭市を実際に訪れて見えてきたのは、「まず補助金ありき」の受け身の姿勢ではなく、あくまで民間による長年の取り組みの成果が自治体や国を動かしてきたという構図です。

③菜の花プロジェクトネットワーク（本部：滋賀県近江八幡市）——同じく、自然環境問題に端を発し、バイオマスエネルギーを中心とした循環型の地域づくりに取り組む団体に、NPO法人「菜の花プロジェクトネットワーク」があります。(82) もともとは滋賀県琵琶湖の水質悪化を憂えた市民が合成洗剤に代えて「せっけん」を使おうと始めた一九七〇年代の運動にさかのぼります。これが、家庭から出る廃食油をせっけんにリサイクルする運動へと発展していきました。その後、ドイツの「なたね油プログラム」から学び、運動はさらに広がります。転作田に菜の花を植え、ナタネ油を家庭料理や学校給食で使い、搾油で出た油かすは肥料や飼料に、廃食油はせっけんやBDF（軽油代替燃料）にリサイクルするという、「地域自立の資源循環サイクル」を作る運動です。最初にこの運動を始めたのは滋賀県愛東町（現、東近江市）で、一九九八年のことです。二〇〇一年には「菜の花プロジェクトネットワーク」という全国組織ができ、二〇一五年現在、所属団体は四四都道府県で一一九団体に及んでいます。

同ネットワーク代表の藤井絢子さんは、「菜の花プロジェクトは、食べる物とエネルギーを地域の中で作るのが最終目標でなく、食とエネルギーを循環させる自力ある地域を全国に広げたいとの思いで活動している。〔中略〕未だに『エネルギーは国の問題だ』とする認識が強く、『あなたの地域でエネルギーを作ってみませんか』と言ったら、弱腰で賛同してもらえない首長（市町村長）が多いのに驚く」(83)（傍点：引用者）と言っています。ここでは、「食とエネルギーの循環」と「自力ある地域」という言葉がキーワードです。藤井さんの目標は、食とエネルギー問題を国策に任せず、解決のあり方そのものを、「自立的なコミュニティ再生運動」を通じて発見しようとするところにあるようです。

④《里山共同体》運動――『里山資本主義』という本があります。地域エコノミストの藻谷浩介さんとＮＨＫ広島取材班が二〇一三年に共同でまとめた地域再考本です。五〇万部を超えるベストセラーと言われていますのでご存じの方も多いことでしょう。藻谷さんは「里山資本主義」の概念を次のように説明しています――「『里山資本主義』とは、お金の循環がすべてを決するという前提で構築された『マネー資本主義』の経済システムの横に、お金に依存しないサブシステムも再構築しておこうというものだ」(84)。この書で取り上げられているのは、岡山や広島、島根、鳥取など中国地方の「里山」で実践されている事例です。具体的には、「木質バイオマス発電」「エコストーブ」等によるエネルギー自給運動、野菜・ジャム用果物の栽培、耕作放棄地の活用といった取り組みとその意義が紹介されています。

藻谷さんは、「里山資本主義」と「金融資本主義」を「アウフヘーベン」すべきと提言しています。

つまり地域の「里山資本主義」を、より高次のレベル、つまり国家レベルの経済政策に組み込んでいこうという主張のようです。その背景について藻谷さんは次のように述べています——「ほとんどの都会人や、都会に集中する日本のマスコミが気付かないところで、静かだが確実な変化が進行している。これに気付いていると気付いていないとでは、二一世紀の日本に生きていることを、楽しめるかどうかがまるで変わってくると言ってもよいだろう」[85]。私は、この書に収められたたくさんの「地域自立」の事例を見て、これらの実践は「里山資本主義」というよりも《里山共同体》と名付ける方が、それぞれの地域づくりの理念により則しているように感じられました。つまり、藻谷さんの言う「アウフヘーベン」の前に、国家規模の上からの政策と対峙する「コミュニティの自立」という志向をそこに見たからです。

「里山資本主義」（あるいは《里山共同体》）的な取り組みを見学するために、私は二〇一五年一月、京都府綾部市のNPO法人「里山ねっと・あやべ」を訪ねました。スタッフの生き様や移住してくる人たちの生き生きとした姿に触れ、藻谷さんの言う「楽しむ」ことの意味を知るとともに、「コミュニティの自立」に賭ける人たちの理想と覚悟というものにも強い印象を抱かされた訪問となりました。「里山ねっと・あやべ」は綾部市と協力して定住促進事業を行なっています。いわゆるUターン・Iターン政策です。二〇〇八年から二〇一三年の定住実績は一一七世帯・二七二人で全国第三位、定住者の平均年齢は三六歳ということでした[86]。全国の若者たちを研修合宿などに呼び入れる活動も積極的に行なっています。「里山ねっと・あやべ」のブレーン的な存在である塩見直紀さんは、「老後の隠居先として来てもらうのではなく、〔中略〕村の即戦力として来てほしいのです」と、将来の綾部を担ってくれる若い定住者の増加に期待を寄せています。[87]

『里山資本主義』には、起業家型リーダーの育成・輩出を目指すNPO法人ETIC（一九九三年設立）の代表理事、宮城治男さんによる次のような発言が引用されています――「ここ数年、非常に動きが目立ってきています。どの企業でも欲しいような人材が、平気で会社を辞めて地域に入ることがあちこちで起こり始めているんです。立派ないい会社に勤めて、高い給料をいただいているような人が、年収が半分、三分の一になることもいとわず、地域に戻りたい、地域で仕事をしたいと」[88]。確かに、二〇一二年に各都道府県が行なった調査の集計では、新規就農者数が過去最多になったところは三〇府県にものぼったということです[89]。また、二〇一四年に農林水産省が行なったアンケート調査でも、都市部に住む人の三一・六％が将来、農山漁村に定住したいと考えているという結果が出ているそうです[90]。

ところで、「里山ねっと・あやべ」は「全国水源の里連絡協議会」（事務局：綾部市役所定住交流部　水源の里・地域振興課）という自治体間ネットワークの活動を支える中心的な存在でもあります。「水源の里」とは最近よく耳にする「限界集落」（過疎化・高齢化が進みやがて消滅に向かうであろうとされる集落）のことです。同協議会は、全国で二六〇〇カ所以上あると言われるこの「限界集落」の再生を目指して二〇〇七年に組織されました。現在、約一七〇の自治体が参画しているとのことですが、その活動状況は「全国水源の里連絡協議会・水の源編集委員会」編のパンフレット「水の源」[91]から知ることができます。森林の再生、農業の復興、水産業の振興、バイオマスなどの新エネルギーの活用、山村留学・グリーンツーリズムによる都市交流など、それぞれの集落単位で自治体と住民の連携によるさまざまな活動が行なわれています。同協議会の活動には、「限界集落」といった悲愴的ニュアンスとはまったく異なる、「水源の里」の呼称に相応しい理念、すなわち生活の源を大切にしてこそ地域は発展するという思想が埋め込まれているように思います。

現在、全国の至るところで「里山」を拠点にしたコミュニティ再生運動が起こっています。「里山資本主義」（あるいは《里山共同体》）という言葉は、これからの日本社会の方向性を考えるキーワードになるのではないでしょうか。最近、『里山資本主義』をもじった『里海資本論』という本が出版されました[92]。この書では舞台を瀬戸内海に移し、コミュニティ再生運動のもう一つの拠点として「里海」に光が当てられています。陸から、海から、日本は大きく変わろうとしています。

時代が大きく変わるとき、それを先取りして方向性を示す思想的営為が必ず世に輩出します。中・近世から近代へ移行するとき、例えば西欧ではロックやルソーの政治思想や、アダム・スミスやリカード、マルクスなどの経済思想が出現しました。日本では福沢諭吉や中江兆民などが近代思想を日本に移植する役割を果たしました。私は、先に紹介した内山節さんや広井良典さん、藻谷浩介さんなどは（後述する内橋克人さん、宇沢弘文さん、水野和夫さんなども含まれますが）これからの日本社会のありうべき方向性を指し示してくれる、とても大事な思想家であると考えています。

こうした思想家の営為と人々の集合的意識をヨットに喩えれば、前者は「帆」であり、後者は「風」ということになります。時代の方向性に適った「帆」を上げれば、「帆」は「風」をいっぱいに受けて、力強くヨットを前に進めます。時代の方向性に適っていない帆は、「風」の力を吸収できずに、いずれたたまなければならないでしょう。現在、内山さんたちの上げた「帆」が、大きな「風」を受けて少しずつ日本を動かし始めています。

「変革の主体」として家族

さて、コミュニティの再生の動きとともに生じているのが、家族の再生です。これまで述べてきたように、日本では戦前の家族国家観の影響を強く受けてきたために、戦後、家族のイメージはとても悪くなっていきました。個の抑圧や女性の抑圧の場であるようにとらえられるようになってしまったのです。今日では、家庭内暴力という深刻な事件もあとを絶たないため、国家が「望ましい家族像」を作ってこれに対処しようとする雰囲気さえ感じられるようになっています。しかし、国家が家族の「あるべき姿」を規定するなどまったくのお門違いです。家族のあり方はそれぞれでいいし、当事者同士で培っていくというのが民主主義の基本でしょう。

私は、「家族はコミュニティを育て、コミュニティは家族を育てる」と考えています。その意味で家族は、より根本的な政治的「変革主体」の一つとして位置付けられると思っています。とにかく一人でやる運動は弱いし、楽しくないものです。気の合う「相棒」(「カップル」「ペア」「タッグ」

「バディ」――言葉はいろいろあります）と一緒にやった方が心強いし、長続きもするでしょう。「相棒」は同性でも異性でも、また歳の差があっても構いません。その関係は属性と関わりなく生まれるものです。肝心なのは「組む」ということです。その「組む」単位の象徴として、人生を共にする家族ほど相応しいものはないのではないか、と私は考えているのです。

最近、そうした私の考えをいっそう強くしてくれた家族に出会いました。私は二〇一五年五月、「田植え体験」のボランティアツアーで福島県の飯舘村と二本松市を訪ねました。いずれも、原発事故で深刻な放射能被害を被った地域です。

二本松市での「田植え体験」を指導してくれたのは、菅野正寿さん、瑞穂さん親子です。正寿さんは「NPO法人福島県有機農業ネットワーク」理事長として自らも農業に従事しています。瑞穂さんは東京の大学を卒業してから二本松市東和地区の実家に戻り、お父さんのもとで福島の農業を再建すべく、「きぼうのたねカンパニー」という会社を設立する一方、お菓子研究所「やさいのラボ」で地元野菜を利用したスイーツの開発なども行なっている二〇代の女性です。私は、お二人の生き方に身近に接し、困難な状況の中でも家族が対話を欠かさず明るく暮らしているその姿に深く感動しました。そして家族が結束して社会に働きかけていくことの意味の大きさをあらためて強く感じさせられました。二人の活動を支える正寿さんの奥様、まゆみさんの存在も忘れることができません。ご両親は福島の農業の再生に賭ける瑞穂さんの思いをしっかりと受けとめ、瑞穂さんはご両親の愛情をいっぱいに受けて思い切り理想に向かって邁進しています。(93)

それぞれがバラバラであったなら、地元の再生に向けてこれほど大きなエネルギーを注ぎ込めることはなかったでしょう。菅野さんご一家は、家族で「組む」ことによって、一＋一を三にも四にもすることができたのです。こうした「連帯」の形こそがコミュニティ再生「運動」には欠かせないのだと確信し、私は福島をあとにしました。菅野さんご一家を見ていると、「連帯」とは「信頼」の別名、「運動」とは「日々の日常的な営みの持続性」に尽きるのではないかと思えてきます。家族やコミュニティの価値の見直しは日本の社会を確実に変えていくことでしょう。

三　働く現場の変化

前節では「企業や国家よりも家族やコミュニティを大切にしていこう」という「風」が全国各地で吹き始めていることを見てきました。日本の社会は確実に変化しています。本節では会社や労働組合など、働く現場での新しい「風」について見ていくことにしましょう。

会社

朝日新聞では、このところ「へぇな会社」という特集記事を連載しています。[94]「へぇ」というのは、こんな会社があったのかという感嘆の言葉です。この記事で取り上げられている会社は、日本の会社を特徴付ける「長時間労働」や最近導入された「成果主義」とは正反対に、社内のコミュニケーションが活発で、いわば人間の血が通っている、私の言葉で言えば「普通」の会社です。こうした会社が「へぇ」と言われなくなるような時代が早くくれば良いと思っています。

法政大学教授の坂本光司さんは四〇年来、日本の「優良会社」を探し出して紹介する仕事をしています。著書『日本でいちばん大切にしたい会社[95]』では、障がい者の方々を積極的に雇用している神奈川県川崎市の「日本理化学工業株式会社」(第一巻所収)や、三年間入院した社員にずっと給料・ボーナスを払い続けた愛知県豊橋市の「樹研工業株式会社」(第一・二巻所収)等が紹介されています。同書は現在五巻を数え、坂本さんご自身の仕事も注目度が増しています。

七〇〇〇社近く会社訪問をしたという坂本さんがとくに「良い会社」の筆頭にあげている企業に、長野県伊那市の「伊那食品工業」(一九五八〔昭和三三〕年設立)があります[96]。主に寒天製品の生産・販売を手がける従業員約四八〇人の同社の特徴は、その企業案内(パンフレット)に記されたモットーに良く表れています――「企業は本来、会社を構成する人々の幸せの増大のためにあるべきです。私たちは、社員が精神的にも物質的にも、より一層の幸せを感じるような会社を作ると同時に、永続することにより街づくり・雇用・納税・メセナ・福祉的寄付など、様々な分野でも社会に貢献したいと思います。したがって、売り上げや利益の大きさよりも、会社が常に輝きながら末広がりに永続することにつとめます[97]」。

伊那食品工業を知るための一つのエピソードを紹介しましょう。二〇〇五年頃、「ダイエットに良い」食品として寒天ブームが起こりました。ブームに乗らないように社内で確認し合ったのですが、糖尿病の患者さんたちからの強い要望があって、同社も三交代制で増産に踏みきったそうです。しかし塚越寛社長は、「社員が疲れているね」という外部からの指摘を受け、すぐにこの体制を中止しました。塚越社長はいいます――「結果として、ブームが去って売り上げや利益は減っても、在庫を抱えることはなく済んだのです。それに、健康あってこその社員の幸せです[98]」。パンフレットにある「企業は本来、会社を構成する人々の幸せの増大のためにあるべきです」という言葉に偽りはなさそうです。

死ぬまで働かされるような企業の存在が指摘される中で、伊那食品工業のような取り組みに触れることは本当にほっとします。社員の健康を第一に考え、時流や売上本位に流されず無理のない経営を続ける同社は、一九五八（昭和三三）年の創業以来ずっと増収増益を重ねてきたという奇跡的な企業だそうです[99]。目先の利益にとらわれず、下請けや関係企業を大切にし、地域に密着した経営を行なうことこそが企業の発展につながる――伊那食品工業の事例はそのことを身をもって示してくれています。

同様の理念で企業活動を続けてきた会社をもう一つ紹介しましょう。岐阜県にある「未来工業株式会社」（一九六五〔昭和四〇〕年設立、従業員約一一〇〇人）です。最近お亡くなりになりましたが、この会社は前社長、山田昭男さんのユニークな経営方針で有名です――タイムカードなし、残業なし、ノルマなし、休日は一般企業より二〇日多い一四〇日、出勤時間は午前八時三〇分より午後四時四五分の七時間一五分、六五歳の平均年収が約七〇〇〇万円、育児休暇三年、定年が七〇歳、六〇歳を超えても給料が減額されることがない、等々。未来工業は電気設備資材メーカーですが、ユーザーに合わせた製品の開発などで二〇一三年の売上高は三一四億円、営業利益は三八億円、利益率は一二％超になっているそうです(100)。

山田さんは著書で、「ほかの会社みたいに仕事に始終追われ、一度きりの人生を棒に振るような人間になってほしくない(101)」と言っています。この会社の従業員は自由な雰囲気の中で仕事をし、定時に帰宅し、家族の団欒や自分の趣味を大切にしています。そういうことが仕事の張りにつながり、会社の売上向上に結びついているのだそうです――「家族そろって夕食をとれたり、平日の夕方から彼女とデートもできたりする。そんな日々への感動が、いつか必ず仕事のやる気に結びつく(102)」。

伊那食品工業もそうですが、未来工業も「年功序列」「終身雇用」です。「成果主義」は日本人に合っていないと山田さんはいいます――「生活も収入も安定のほうが好きな日本人は、がんばっただけ収入が上がる分、成果が残せなければ、収入がどんどん減ってしまう評価制度は歓迎されない(103)」。「創業以来四六年間、赤字になったことはない(104)」という実績に基づいた発言だけに、大きな説得力を持っています。

日本の多くの企業が伊那食品工業や未来工業のようになってくれれば、どんなに人間的な社会になることでしょう。

起業

一橋大学教授の深尾京司さんらが二〇一〇年に発表した研究によると、二〇〇一年から二〇〇六年までの期間、設立五年未満の若い会社が一八八万人の雇用を増やしたのに対し、設立三〇年以上の会社は逆に、二八〇万人も雇用を減らしたそうです(105)。既存の会社に頼らず新しい会社を作ろうとする機運が社会的に大きなうねりになっていて、日本のビジネス環境は確実に変わろうとしていることがわかります。以下では、単なる「金儲け」ではなく、個人・家族・コミュニティの尊重や地域環境保全を第一に据える、新しい時代を予感させる「起業」（会社づくり）の例をいくつか紹介しましょう。

①**葉っぱビジネス（徳島県上勝町）**——ＩＴ時代を迎え、大きな資本がなくても全国・全世界に商品を販売普及することができるようになりました。人口約一七〇〇人、高齢化率五〇％を超える山村、徳島県上勝《かみかつ》町と同町の「株式会社いろどり」（横石知二社長、一九九九年設立。設立時の従業員数七人、参加農家〔いろどり農家〕数約二〇〇軒）は、地元で採れる草木を「つまもの」（料理に添える飾りもの）として商品化した「葉っぱビジネス」で有名です。年商二億円以上の売上を達成する起業として、今でも国内外からたくさんの視察者が訪れているそうです。近場にある色とりどりの草木を摘んで、コンピュータを使い全国の需要状況を把握し出荷するというシンプルなこの事業、主力メンバーは何と平均年齢七〇歳の女性たちです（「株式会社いろどり」はその販売支援

を行ないます)。日常生活の延長として楽しみながらの仕事ですが、年収一〇〇〇万円以上を稼ぐおばあちゃんもいるというのは驚きです。(106) このような大成功のケースは稀でしょうが、日本各地で地域に根差した「起業」がたくさん起こっています。

②宮城リスタ大川(石巻市)――宮城県石巻市大川地区では大震災の津波で三八〇人が亡くなり、大川小学校でも一〇八人の児童のうち七四人が、教職員も一〇人が犠牲となりました。人々の悲しみは今も癒えることはありません。この地区で農業の再建が模索されています。地元の人たちの手で「宮城リスタ大川」という会社を立ち上げ(二〇一二年設立。設立時の従業員数六人、役員三人)、菊の栽培を手始めに米づくりにもチャレンジしています。経営理念として、実りある農地の再生、企業としての自立、地域社会との共存、などがあげられています。会社組織で復興を期し、散り散りになった大川地区の人々を雇用し、将来は地元出身の若者たちを町に呼び返すことが目標です。(107)被災地の復興を目指す起業として注目されるところです。

③三万円ビジネス――「非電化工房」(栃木県那須町)代表の藤村靖之さんは震災後に『月3万円ビジネス』という本を上梓しました。(108) 二〇代の若者を中心に広く読まれ、本に基づくワークショップも開かれているといいます。藤村さんは「月3万円ビジネス」の一例を紹介しています――「平飼い鶏卵(一個五〇円)を一日二〇個売る―五〇円×二〇個×三〇日=月三万円」といった具合で

す。[109]ここでは「お金」を問題にしています――「３・11は大きなショックだった。原発は、お金、仕事がない所を狙い撃ちして立地している。地方にたっぷり仕事があれば、原発はいらない。〔中略〕かつてはある種の秩序の中で競争してきた。そういうときには経済が人の幸せと矛盾することはなかった。しかしグローバリズム化で一部の人だけが競争に勝って尊敬されるというように、ありようが変わってきた。ビジネスが栄えるほど憎しみが増幅する。三万円ビジネスは仕事をすると人と人が仲良くなる。おじさんたちはこれまでの仕事観が血となり肉となっているが、若い人ならビジネスのありようを変えられるかもしれない[110]」。現在進められている安倍政権の経済政策には、「一部の人だけが競争に勝って尊敬される社会」というものを変えようとする視点は残念ながらまったく見あたりません。

この藤村さんの提案を受けて、若い人たちが実践しています。そこにはどんな可能性があるのでしょうか。千葉県木更津市で、自家製の焼きイモを自家製の竹リヤカーで販売している前田敏行さん（三〇代後半）の活動を見てみましょう。[111]前田さんは、焼きイモの栽培、加工、販売のほか、WEB構築サポート（ホームページの立ち上げの指導）や二〇〇平方メートルくらいの小さな水田で米づくりも行なっています。月の生活費は六万円ほどで、三万円ビジネスを二つか三つやれば達成できる金額です。月三一日のうち、六日間ほど自分の趣味に関連した労働にあて、残りの二五日で野菜や米を作ったり、古民家を修繕したり、人と交流したり、社会活動をしているそうです。

前田さんは「『食っていくためには仕方ないんだ』という考え方がありますよね。サラリーマン時代にも、この言葉を言われたことがあります。これを、もうやめませんか[112]」と言っています。

武田晴人東京大学大学院経済研究科教授は、『仕事と日本人』の中で、「食っていくためには仕方ない」という考え方は近代の労働観であると述べた上で、次のようにいいます――「賃金を稼ぐことが労働の唯一の目的であり、その目的がなければできれば避けたいものであるとの考えが、経済学の前提を離れて近代以降の社会では普遍的で重要な意味をもつかのように観念されるようになっています[113]」。武田さんが言うように、「前近代」においては、「はたらく」ということは家族単位で多様な仕事を主体的（誰かに言われてやるのではなく）に行なう、「課題本位[114]」のものでした。つまり、家族の構成員にはすべて役割分担があり、作物を植えたり、収穫したり、機具を整えたりする「課題」が終われば、「はたらき」は終わり、ということです。それが、近代的な産業社会になると、男が外に出て時間単位で働くようになり、同時に「主婦」という役割が発生します。子どもは家庭でする「はたらき」がなくなり、一人前の産業社会の労働者となる教育を受けることに専念するようになります。年老いた父母も核家族化とともに家庭内での「はたらき」がなくなり、今では介護の対象としか見られなくなってしまいました。こうした近代化の過程における社会の変動については欧米も日本もほぼ同一の歴史を歩みましたが（第2章六五頁参照）、日本の場合は途中から独特のものとなりました。つまり、その変動が〈単身者主義〉により、家族とコミュニティの崩壊にまで突き進んでしまったのです。欧米流の社会変動からすれば、日本のこの歴史過程は、「逸脱」とか「変種」ととらえられるかもしれません。

そんな文脈で次の武田さんの問題提起を読む必要があるでしょう――「人生の大半を費やす人間の活動が、単に金のためだけではない、働くことそのものに意味を見出すような働き方、そうした働き方にもとづいた労働観を私たちは自分のものにすることはできないのでしょうか[115]」。武田さんは、「働き方」とともに「労働以外の時間の過ごし方」についても考えていかねばならないと言っています――「労働の時間とは別の時間に人がいろいろな形で働いていること、それにも注目し、それに正当な評価を与える社会を作ることが必要なのです。なぜなら、そうした機会を通して人は、家族、地域社会、その他さまざまな帰属集団のなかでの絆を確かめ、社会的存在としての自己を実現できるからです[116]」。

多くの若者の心をつかんだ藤村さんによる「３万円ビジネス」の提案は、近代的な労働観を根本的に変え、「労働以外の時間の過ごし方」を充実させる、一つの大きな可能性を示すものと言えるでしょう。そして、それに賛同し、実践する前田さんの生き方は、まさに「働き方」と「労働以外の時間の過ごし方」の新しい形を示していると言えるでしょう。時代は、新しい「労働観」を求めています。それは前田さんのような若い世代によって、これからも創り出されていくに違いありません。

中小企業と職人さん

帝国データバンクの資料[117]によると、二〇一三年現在で日本には創業一〇〇年以上の「長寿企業」

が約二万六〇〇〇社あり、そのうち、同年に新たに「長寿企業」の仲間入りを果たした企業は一四一〇社あるということです。その内訳を規模別に見ると、「従業員一〇人未満」が一万六二七三社で全体の六二・三％、「年商一〇億円未満」が二万一四三一社で全体の八二％と、小規模企業の割合の高さが目立ちます。大学生の希望就職先は依然として大企業が多いようですが、三〇年近く前に出された『会社の寿命―盛者必衰の理』[118]という本は、「日本のトップクラスの企業の平均寿命は三〇年」というショッキングな結論さえ出しています。大企業は時代の潮流に乗って大きく売上を伸ばすことを使命としていますが、小さな会社には「小規模でも地元で息長く」というところが多いのです。

二〇〇九年の全国の企業数約四二一万三一九〇社のうち、中小企業は四二〇万一二六四社であり、何と九九・七％が中小企業です[119]。日本の産業の主流は中小企業で、地域ぐるみの「企業城下町」と言われるところでは、世界に通用する名品もたくさん世に送り出しています――例えば「今治タオル」（愛媛県）、「長田の靴」（兵庫県）、「博多人形」（福岡県）、「鯖江の眼鏡」（福井県）、「関の刃物」（岐阜県）、「南部鉄器」（岩手県）等々で、最近では冬期オリンピックに向けた「下町ボブスレー」（東京都大田区）も脚光を浴びています。

中小企業が創り出すこうした製品を語るときに忘れてはならないのが、「職人さん」の存在です。各国のアスリートが採用する砲丸を作ってきた辻谷政久さんの仕事場は、埼玉県富士見市の小さな作業場（有限会社辻谷工業）です（辻谷さんは残念ながら二〇一五年に亡くなりました）。「痛くない注射針」を開発した岡野工業株式会社（東京都墨田区）の岡野雅行さん、脳外科用の精密なハサミを作る高山医療機械製作所（東京都台東区）の高山隆志さんなど、世界的に有名な職人さんたちのいる会社もみな中小企業です。そもそも日本には人形や蒔絵細工など細かい芸術作品を造る文化・伝統が脈々と受け継がれていて、たくさんの職人さんたちがいます。

最近、若い人たちの間でも「職人」に対する人気が高まっています。二〇〇一年に哲学者の梅原猛さんらによって創立された「ものつくり大学」の志願者は近年急速に増え続けているようです[120]。また、職人さんの仕事を紹介するテレビ番組「和風総本家」（テレビ東京）も人気を博しているそうです[121]。

私は二〇一四年、兵庫県豊岡市にある東海バネ工業という会社を訪問しました。量産ではなく一個の注文でも丁寧に期限内に収める「多品種微量生産」と、社員満足度の高さをモットーにした会社で、前述の坂本さんの著書『日本でいちばん大切にしたい会社』（第四巻）でも取り上げられています。この会社のバネは東京スカイツリーの制振装置や、宇宙ロケット・人工衛星の部品にも使われているほどの精密さで、創業以来七〇余年間、やはり一度も赤字を出したことがないそうです[122]。

この会社の工場を見学して、その従業員の若さにまず驚きました。若いながらも、一つひとつ丁寧に仕上げようとするその姿はみな「職人」としての気質、誇りに満ちあふれ、輝いて見えました。

日本のこれからの「なりわい」の形はこうあるべきだ、と思いました。工場と言えばベルトコンベアーの前に立ち、時間に追われながらの流れ作業というイメージがありますが、この工場では、そうした効率優先の方式は取らず、「熱間バネ」「板バネ」「皿バネ」「啓匠館」と部署ごとに分かれ、さらに各部署の中に個人の仕事場が独立して設けられていました。つまり、一人ひとりが自分の技能を磨く場を持ち、納得のいく製品を作り上げているのです。少量でも良いものを作り、アフターサービスも欠かさないという東海バネ工業の姿勢は、大量生産・大量消費・大量廃棄を旨とする現代の風潮とは真逆の考え方です。仕事は単に給料を得る手段ではなく、生きがいを得るためにある――理念としてはよく耳にするフレーズですが、この会社の職人さんたちの働きぶりは、まさにそれを体現するものでした。

ところで、日本でもようやく職人さんの仕事が注目されるようになりましたが、欧米諸国に比べると、社会的にも制度的にもまだまだ評価が足りていないように思われます。ドイツでは職人さんたちの仕事は社会的に保護され、地位も高いとされています。中世以来のギルド（同業者組合）やマイスター（親方）制度の伝統があるために、職人になりたいという若者がとても多く、二〇一二年現在、製造業に従事する人は約八〇〇万人、就業人口の約二〇％を占めています[123]。教育制度にも職人コースがり、国家試験を通った若者たちは名実ともに職人となって、ゾーリンゲンなどの中世以来の職人の町で、評判のよい優れたドイツ製品を作り続けています。

人口約六〇〇〇万、全就業者数約二二〇〇万人（二〇一五年）のイタリアは、共和国憲法第四五条で「職人芸の保護と発展」が保証されている国です。全産業ベースで見ると、従業員二〇人未満の企業はその数で全体の九八％、従業員数で全体の五七％を占めるそうです[124]。ヨーロッパの中でも中小企業の割合が非常に高いこの国の産業の第一の特徴は、中小企業の売上高が大企業より大幅に上回っていることです。[125]『中小企業白書　平成一〇年版』によると、イタリアの中小企業（五〇〇人未満）の売上高は対GDP比七六・二％に対して大企業は二三・八％となっています（日本は中小企業（三〇〇人未満）五一・三％に対して大企業四八・七％）。[126]そして、イタリアの中小企業は「基本的には独立企業」（実態は「家族経営」）であり、「特定の大企業に依存する下請の形態はまれ」であるということです。[127]イタリアでは家族の結びつきがたいへん強く、家族が単位となってイタリア独特の「同業者による地域集積型産業構造」を形成し、これが地域コミュニティの形成基盤にもなっているのだそうです。[128]

「第三のイタリア」という言葉があります。これはイタリアの中部地方を中心に形成される右のような特徴が、イタリア発の新たな「風」として世界的にも注目され始めていることを示す言葉です。大量生産主義の克服を目指す「ポストフォーディズム」の例として、元中央大学商学部教授の奥村宏さんなどが早くから注目しています。[129]日本もドイツやイタリアの例に倣い、大量生産・大量消費・大量廃棄の道から一日も早く脱し、堅実な「モノづくり国家」へと方向転換を図るべきではないでしょうか。

労働組合

「日本的経営」（第2章五九頁参照）の三つの特徴のうち、「年功序列」「終身身雇用」については以前から賛否両論があり、さまざまなところで議論の的にされてきましたが、「企業別組合」については一般にはあまり問題にされてこなかったように思います。

欧米のように「産業別」の形態であるなら個々の企業の利益を超え同業労働者全体の利益に適った運動を展開することもできるのですが、「企業別」では所属する会社単位の運動に限られるため、そうした広がりには限界があります。朝日新聞は「ワールドけいざい」という特集で韓国における「超企業別労組」（産業別労働組合）を紹介し[130]、この組合に所属する労働者の割合が労働組合加入者全体の五六％になったことを報告するとともに、旧態依然の日本の労働組合の現状を問題化しています。

厚生労働省の二〇一二年六月の調査では、日本の労働組合加入率は常用労働者一〇〇〇人以上の大企業で四六％、一〇〇人以上一〇〇〇人未満の中小企業で一三％、一〇〇人未満の零細企業ではわずか一％だそうです。そして雇用形態がパート労働だと加入率は六％ということです[131]。

そんな中、震災後の日本において注目され始めているのが、小規模ながら従来型の労働組合を超えようとする「個人加盟ユニオン（労働組合）」の存在です。現在さまざまな「個人加盟ユニオン」ができています。先の朝日新聞の記事では学習塾の「市進学院」やトラック運転手の組合が、また東京新聞の記事[132]では残業代カット・長時間労働の「ブラックバイト」に対抗する「首都圏学生ユニオン」や音楽講師の組合が紹介されています。「産業別組合」とは逆に、一人ひとりが立ち上がって手づくりの労働組合を立ち上げていくという新しい動きですが、これは本書で述べてきた「地殻変動」、個々の「梢や木の葉の動き」が大きな時代の「風」に揺れ動いているもう一つの例と言えるでしょう。「個人加盟ユニオン」の活動の目的は、働く人々すべての労働環境の改善に向けられているのです。

協同組合

二〇一二年の秋、私は「国際協同組合年全国実行委員会」主催の「二〇一二年全国集会—人間復興のコミュニティを～働く・暮らす・つながる命」（開催地：埼玉県さいたま市）という催しに参加しました(133)。そこで日本における一つの社会勢力としての「協同」の存在を初めて知ったのですが、当日の会場と参加者の雰囲気はとても穏やかで、「過激な組合運動」とか「政治運動」といった印象は持ちませんでした。ゆったりとした「連帯」の雰囲気がありました。これからの組合運動はかくあるべしと、深い感銘を受けました。

協同組合運動は、大正・昭和期のキリスト教社会運動家、賀川豊彦（一八八八～一九六〇）の思想の流れの中にあります。賀川は戦前日本の労働運動・農民運動・生活協同組合（生協）運動において重要な役割を担いました。神戸のスラム街での布教活動や巡回診療等を通じて、常に弱い立場に追いやられた人々の救済に奔走し、一九二〇（大正九）年にはそうした半生を綴った自伝的小説『死線を越えて』(134)が大ベストセラーになりました。戦後は首相候補やノーベル文学賞候補にもなった人です。

賀川の生活協同組合との最初の関わりは一九二一（大正一〇）年の「神戸購買組合」の創設です。生協運動はその後、戦時下の厳しい状況の中でも続けられ、戦後は一九五一（昭和二六）年に「日本生活協同組合連合会」という全国組織ができるまでに発展しました。賀川はこの全国組織の初代会長に就任しました。そもそも生活協同組合は、イギリス・マンチェスター市郊外のロッジデールで労働者の作った協同購入・販売組織が発祥だそうです。そこからヨーロッパ、そして世界へと広がり、現在、世界の生協組合員数は七億人以上、日本のそれは約二五〇〇万人と言われています。賀川は「協同組合の中心思想」として七つの言葉を残しています――「利益共楽」「人格救済」「資本共同」「非搾取」「権力分散」「超政党」「教育中心」です。こうした思想が現在の生協運動のバックボーンをなしていますが、賀川は生活協同組合を基礎にした国家構想案も残しており(135)、それは現在においても新しさを失わない提言になっています。

さて、「二〇一二年全国集会」の内容はとてもレベルが高く、テーマも盛り沢山で驚きましたが、その分、たいへん刺激的な場ともなりました。ざっとプログラムの一部を紹介します。記念講演は『資本主義の終焉と歴史の危機』(136)の著者で日本大学国際関係学部教授の水野和夫さん、パネルディスカッションのパネリストは哲学者の内山節さん、地元埼玉県小川町の有機農業者金子美登さん、城南信用金庫（東京都品川区）理事長の吉原毅さん、コーディネーターは日本労働者協同組合連合会理事長の永戸祐三さんでした。分科会のテーマは、新自由主義批判、東北被災地の復興、原発問題、社会的排除の問題、東アジア論、協同労働、ソーシャルファイナンス、コミュニティケア、再生可能エネルギー、新しい働き方を始めた若者、公共・自治、農業・医療、TPP問題、中小企業論、高齢者の社会参加、子育て等々、現代社会の問題をあまねく網羅するような内容でした。また、この大会では県内の小川町（有機農業見学）、飯能市（林業見学）、東松山市（丸木美術館見学）、深谷市（とうふ工房や七ツ梅酒造跡地、深谷市産業祭の見学）などの「移動分科会」もありました[137]。

経済評論家の内橋克人さんによれば、日本国内の協同組合の総数は約三万六〇〇〇あるそうです――「それらは、農協、生協のような流通、製造業から、信用組合や信用金庫など金融まで、数百の分野に及ぶ。組合に加盟している一般の組合員は、生協（二五〇〇万人）、JA（農協、九〇〇万人）が中心だが、協同組合の数は全体で三万六〇〇〇もあるため、およそ八〇〇〇万人の市民が何らかの形で協同組合のメンバーとなっている。これは世界でもトップクラス、真の多数派といえる。その上、この八〇〇〇万人は、いわゆる自覚的な市民で意識レベルも高い[138]」（傍点：引用者）。

こうした「自覚的な市民」の意向を反映する大きな政治勢力ができれば、国民の切実な意向を議会政治（間接民主主義）に反映させることができると思うのですが、先に触れたように、「全国集会」の会場の雰囲気はそうした権勢拡大的なところはまったくありませんでした。しかし、そうした急がない穏やかな運動こそが、この「協同」の良い点なのかもしれません。政治・社会・経済の全体構造を変えていくには、焦らずにじっくりと取り組まねばならない、そう教えられた「協同」の全国集会でした。

四 〈単身者本位社会〉を改革する先導者たち

前述したように、二〇一四年一二月一四日に行なわれた衆議院総選挙は、戦後最低の投票率の中、自民・公明が三分の二の議席を維持し、「憲法改正」決議の足がかりを確保しました。しかし、これは「間接民主主義」の枠内での結果です。繰り返し述べてきたように、民主国家における社会のうねりは他の手段、つまりデモ等で直に訴える「直接民主主義」によっても、あるいは人々の思いや意識が変わることで社会が変わる「人々の集合的意識の変化」によっても作り出せるのです。今後、官邸デモのさらなる盛り上がりや内閣支持率の降下によっては、「間接民主主義」とは別の結果も導き出せるということです。

それはともかく、この選挙で安倍さんは「景気回復、この道しかない」と言って「アベノミクス継続」のスローガンを掲げました。高度経済成長の「夢よもう一度」、というスローガンです。しかし、「アベノミクス」で進行しているのは、一部の輸出産業を中心とする大企業の増収と個人資産家の富裕化であり、また各種税制・社会保障制度の見直しによる教育・医療・労働環境等の劣化です。私たち一般庶民は、加速化する「格差・貧困社会」にますます苦しめられ、翻弄されているといった状況にあります。そもそも安倍政権が信奉する「トリクルダウン」仮説[139]は、暑い夏の日に見られる「逃げ水」のようなものだと思います。「逃げ水」を見せられているうちに進むのは、「格差・貧困社会」だけです。

水野和夫さんは前節で紹介した『資本主義の終焉と歴史の危機』の中で、二〇年以上国債の金利が上がっていない現状から、「資本主義は終焉を迎えている」という結論さえ導き出しています。確かに、資源を加工して利潤を引き出すという資本主義のシステムは、資源のあるうちにしか通用しないやり方です。欲しい資源が手に入らなくなれば、このシステムは機能しなくなります。資本主義を維持したい側はそれゆえに国際的な資源獲得競争や省エネ、新たな資源開発等によってこのシステムの延命を図っている――そのようにも言えるわけですが、他国を押し除け、大量生産・大量消費・大量廃棄を続ける限り、そうした延命策は問題の先延ばしとしか見なせないでしょう。この状況から脱するには、新たな政治・経済・社会システムを生み出していくしかないのです。水野さんはその新しいシステムがどのようなものになるかについては「わかりません」と言っていますが、こうした全地球的な課題を水野さん一人に負わせるわけにはいきません。人類みなで取り組むべき課題です。

今、次の時代のあり方を模索する多くの思想書・経済書が出ています。最近ではフランスの経済学者トマ・ピケティの『21世紀の資本』(140)が世界的ベストセラーとなり大きな話題となっています。ピケティは経済格差の解消のための累進課税や、国際協調のグローバル資本税などの導入を提唱していますが、彼だけでなく、世界中の研究者が、経済中心ではなく人間中心の社会を取り戻すべく新しいシステムを模索しています。なかでも、貧困のメカニズムを研究テーマに多様な形の民主主義を唱えるノーベル経済学賞受賞者、アマルティア・セン（インド）の『貧困と飢餓[141]』および『貧困の克服[142]』、グローバリゼーションの進行にともなう新たな権力構造を「帝国」という概念で分析し、世界的レベルでの新しい連帯の可能性を「マルチチュード」という概念で提起するアントニオ・ネグリ（イタリア）とマイケル・ハート（アメリカ）の『〈帝国〉[143]』および『マルチチュード[144]』、脱成長戦略で「真の豊かさ」の実現を呼びかけるセルジュ・ラトゥーシュ（フランス）の『〈脱成長〉は、世界を変えられるか？[145]』などの著作が注目されています。私たちはこれらの営為からも多くを学ぶことができるでしょう。

まずは日本型政治・経済・社会システムを育て上げなければなりません。また、その成果を世界に発信していくことも大切になってくるでしょう。私は、日本におけるその第一歩は〈単身者本位社会〉や「会社主義」を克服することだと思っています。そこに向かって努力することで、何かが開かれていくと考えるからです。すでに見てきたように、家族本位・コミュニティ本位の社会を目指し歩み出すということは、人と自然とモノの調和を基調とする地域循環型の社会に向かっていくことを意味します。それは、大量生産・大量消費・大量廃棄の現在のシステムを克服する資源循環型の社会づくりに結びつくものです。こうしたシンプルな社会づくりを地道に続けていくことが、日本型政治・経済・社会システムの基礎をなし、世界に通用する変革の道筋を開くことになるのだと思います。

日本は近代以降、欧米から資本主義を学びました。そして本家を超えるような大量生産・大量消費・大量廃棄社会を作り出すに至りました。資源を加工し利潤を生み出す資本主義システムの限界が世界規模で露呈する中、日本の内側から変革が起こり、その成果を世界に発信していくことができれば、それは資本主義を教えてくれた欧米に対する恩返しにもなるでしょう。

〈単身者本位社会〉や「会社主義」の改革の動きは、すでに女性や若者、そして子どもたちの間で始まっています。以下では、その「改革の先導者たち」に光を当てることにしましょう。

女性たち

まず、女性たちです。ここでは改革の象徴として、脱原発運動を通じて日本社会に異議申し立てを行なってきた女性たちを取り上げます。

有名人では女優の吉永小百合さん、作家の澤地久枝さん、元文化放送アナウンサーで作家の落合恵子さん、ドキュメンタリー映画監督の鎌仲ひとみさんたちがいます。市民運動を続けてきた女性たちもたくさんいます――青森県六ケ所村で核燃料サイクル反対運動を続けている菊川慶子さん、チェルノブイリ原発事故以来原発反対運動に関わり、福島第一原発事故のあとは住民や避難者の人権・健康を守る活動をしている福島県三春町の武藤類子さん、青森県で大間原発建設反対運動を続けている小笠原厚子さん、風船で放射性物質の飛散予想範囲を調べている岐阜県笠松町の笠松希代美さん、「NO！放射能東京連合子どもを守る会」代表の石川あや子さん、「脱原発・東電株主運動」の木村結さん…。女性たちはさまざまなやり方で脱原発運動の中心になって活動しています。(146)

か。
では、彼女たちの運動が〈単身者本位社会〉の改革を押し進めているとはどういうことでしょう

二〇一二年一月三日付の東京新聞「女子力2012」には、「玄海原発プルサーマル裁判の会」団長の石丸初美さん、「福島子どものいのちを守る会」の佐藤幸子さん、脱原発NPO「グリーン・アクション」のアイリーン・美緒子・スミスさんの鼎談が掲載されています。(147) その中の石丸さんの発言を見てみましょう――「『午後五時からと週末は〈私時間〉。会社に縛られるのはおかしい』と夫に、繰り返し言っていた。一緒に原発問題を勉強して夫も賛同。活動に参加した。休日にビラ配りをしていて、上司とばったり会ったり、佐賀県庁に要望書を出しに行ってテレビに写ったり。〔夫には〕『嫌なら隠れとけ』と言ったのに、私に慣らされたんでしょ。出世は考えとらんかったけど」。

石丸さんの発言の中に、女性たちの運動の基底に「会社主義」の克服（＝脱〈単身者本位社会〉）があることがわかります。男は「会社主義」の社会的なムードや自らの出世主義にとらわれ、こうした運動に率直に入っていけません。その点「会社主義」から自由になりやすい女性たちは、容易に外に出ていくことができるのです。

アイリーン・美緒子・スミスさんも次のように語っています――「原子力ムラが不健全なのは、異分子を排除して、保身しか考えていない男社会だから。ここに、既得権益とは無縁の女性たちが立ち上がった、という構図が今の脱原発運動にはあると思う」。

二〇一三年四月四日付の朝日新聞「耕論」には、原発事故以来ずっとこの問題と向き合い、粘り

強い活動を日常的に続けている四人の女性が紹介されています。先に紹介したドキュメンタリー映画監督の鎌仲ひとみさんと、福島県南相馬市の主婦高村美春さん、東京都目黒区のカフェ店員蒲谷真由美さん、東京都内のクリニックに勤務する心療内科医斧澤克乃さんの四人です。それぞれの発言からも、この〈単身者本位社会〉や「会社主義」の問題が浮かび上がってきます。

鎌仲さん――「『政府は大丈夫だと言っているんだから、大丈夫でしょう』。そういう男性が多い。特に50代。妻たちは、子どもの被曝を心配しても相手にされないと嘆いています。表面的な情報が繰り返し繰り返し流されていますね」。

高村さん――「今はお金、お金ですね。被災地も場所によってはミニバブル、東京はもっとでしょう。価値観がおかしくなっちゃった。震災直後は、お金なんかなくとも生きていける、避難所でもらった一個のおにぎり、一枚のフリースがあんなにありがたかったのに」。

斧澤さん――「『仕方ない』『これも運命だ』『放射能のことは忘れて暮らした方が楽』と無理やり思いこむことでバランスを保とうとしている人が増えていると感じます」「しかし、子どもたちは実際に、のどの痛み、鼻血、下痢、倦怠感、頭痛、発疹など様々な症状を呈しているのです」。

「会社主義」からの無理解、お金で解決しようとする風潮が起こっていること、「楽」を求め事故を忘れようとする人々が増えていること、子どもたちの間には確実に体調の不調がみとめられることなどを、四人の女性たちは告発しています。

そうした現実に対して、彼女たちはそれぞれの位置から運動を続けているわけですが、そのとき次のようなことを心がけていると言っています。

鎌仲さん――「本当の変革というのは、大規模な抗議や運動だけで起きるのではないと思いますね。各地で、見えにくいところで、さまざまな力にもへこたれず、時には寝たふりをしながら、淡々と続けていく。そういう人がどれだけ増えるかにかかっていると思います」。

高村さん――「子どもには線量を測ったものを食べさせます。外部被爆も内部被爆も気をつける、積算量を知る、健康診断を受ける。ここには全身を測定するホールボディーカウンターがあります。ほかの土地に行ったらありませんから」。

斧澤さん――「私の子どもが通う学校では今でも、保護者からの要望を受けて給食の食材の産地にも気をつけてもらっているし、放射能の専門家を招いて、子どもたちに放射能から体を守る方法について講義をしてもらっていますが、そのような学校が少数派になっています」。

有機無農薬栽培の野菜を使った料理を出したり、第三世界の物品を適正な価格で販売したりするカフェで働く蒲谷さんは、この仕事に就いてから（二〇一〇年一〇月から）の自身の変化を次のように述べています――「今の暮らしをするようになってからは、近所の原っぱに寝転がるだけで満足するようになった。物欲にこだわらない今の私の暮らしを、身近な人々に『気持ちよさそう』と思ってもらい、私の話に耳を傾けてもらう。それを通じて、少しずつ世の中を変えてみたい。デモや集会に参加しなくなったのは、そんな思いが強まったからです」。

ここに紹介した方々の発言には、「運動のための運動」という発想はまったく見られません。発言の根底には、「生き方」としての「会社主義」の克服（＝脱〈単身者本位社会〉）がしっかりと見て取れます。女性たちは脱原発運動に新たな視点を与え、日本社会そのもののあり方を変える実効的な活動を、それぞれの「暮らしの場」で地道に続けています。

若者たち

次は若者たちです。ここでは私たち「団塊の世代」（六〇代後半）、「しらけ世代」（六〇代前半～五〇代後半）以後の若者たちの意識を、「会社主義」離れという視点から世代別に見ていくことにしましょう。「△△世代」という命名は、一般にはその世代が就職する二〇代前半に焦点をあてているようです。現在の四〇～五〇代前半は「バブル世代」と呼ばれています。一九八〇年代のバブルを経験した世代です。この世代は主に一九六〇年代に生まれ、七〇年代後半から九〇年代前半に就職しています。バブル後の不況下で就職難を味わった現在の三〇～四〇代は「ロスジェネ世代」（失われた世代）と呼ばれ、一九七〇年代から八〇年代前半に生まれた世代です。そして、生まれたときからバブルを知らない現在の一〇代後半～二〇代は「さとり世代」と呼ばれ、主に一九九〇年代半ばを中心にして生まれた世代です。この世代は二〇〇二年以降本格的に実施された文部科学省の「ゆとり教育」で育った層として「ゆとり世代」とも呼ばれています。

バブル世代の「会社主義」離れ――震災が起きる三日前、東京新聞は「バブル世代も草食化!?」という記事を特集し、この世代の男性について次のように書いていています――「空前の好景気に、社会が躍った一九八〇年代後半。そのバブル期に社会人となった四十、五十歳代男性の価値観が『仕事より家庭重視』へと変化しているという。バブル崩壊から二〇年。景気は低迷し、就職氷河期が続く中、内向き志向の『草食系』男子が増えているが、『イケイケ』だったバブル世代の男性も、中年期に差し掛って草食化?」(149)。

この記事はトヨタマーケッティングジャパンと三菱総合研究所が行なった調査をもとにしたものですが、調査結果について同紙は次のようにレポートしています――「『目標に向かって精いっぱい努力しているか』との問いに、バブル期は四七%(小数点以下は四捨五入)が『イエス』。だが現在は一六%。『休日出勤や残業で仕事ばかりしている』という回答も、三三%から一一%へと、いずれもほぼ三分の一に減った。その一方で、『夕食はだいたい家族と食べている』人が二四%から五一%と二倍以上に。『毎週、家族で外出する』『進んで掃除や洗濯などをする』も急増した。バブル崩壊後、『失われた二〇年』と呼ばれる長期不況の下で、倒産やリストラ、残業代カットなどの悲哀を体験したことが『仕事より家庭』と志向を変化させたようだ」。女性だけでなく、男たちも「家庭重視」の風潮が出てきていることがわかります。四〇~五〇代と言えば会社の主要メンバーですから、こうした意識の変化は注目に値します。

朝日新聞の最近の記事(150)には、従業員の家庭生活や趣味を大事にしながら、働く環境を改革しようとする五〇代前半の社長さんが紹介されています。三井物産ロジスティクス・パートナーズ社長、川島高之さんです。川島社長は、「ワークとライフを両方やろう。ライフ、つまり仕事以外の私生活を充実させると、実は仕事にもプラスになる」という信念のもと、残業・休日出勤を当たり前と考える人たちに意識改革を呼びかけ、従業員には平日休暇を奨励し、早帰りもできるよう職場環境の改善に努めているそうです。実際、そうすることで、仕事の無駄が省け、経常利益は過去最高を更新中とのことです。「会社主義」を脱することは、従業員だけでなく、会社にとっても良いということを川島さんの会社は証明しています。

ロスジェネ世代の「労働観」「人生観」――先の記事に見られた「草食系男子」という言葉。恋愛に積極的な男子を「肉食系」と呼ぶそうですが、その対極をイメージさせる「草食系」は、主にこの三〇〜四〇代の「ロスジェネ世代」の若者を指す用語として使われています。この世代が「モーレツ社員」になる可能性はそれ以前の世代と比べて、かなり低いのではないでしょうか。山田昌弘さん（家族社会学）はもっぱらこの世代を分析していますが、その行く末を心配しています――「三〇代前半男性の半数弱が未婚、うち正社員は半数強。九人に一人が無職となれば、女性に対して活発になれといっても無理であろう。〔中略〕社会学者の古市憲寿氏は、正社員でなくても、彼氏や彼女がいなくても、今の若者は幸福に暮らしているという。しかし、その幸福は持続可能なのかどうか、中年の私はつい心配してしまうのである」(151)（古市さんの見方については後述）。

われわれ「団塊の世代」「しらけ世代」は若い人たちに多大の借金を残して、これからどうなるかわからない年金を何とかもらって老後を迎える「食い逃げ世代」とも言われています。そう言われながらも、若い人たちの非正規社員の増大と生涯未婚率の増大はやはり心配です。マスコミの論調では、正規の職業に就けなければ若者は人生設計が立てられず、結婚も子づくりもできなくなるということになります。しかし、私は、若い人たちの意識は私たちが想像しているものと、かなりの隔たりがあるのではと思うようになりました。つまり、若者たちの間で起こっている「豊かさ」や「お金」に対する意識の変化をとらえると、非正規社員の増大がそのまま生涯未婚率の増大に結びついているとは考えにくいと思うようになったのです。非正規で収入が低ければ、結婚もできず、子どもを作ることもできない――私たちはそう決めつける傾向にありますが、若い人たちは本当にそのような意識で暮らしているのでしょうか。非正規社員の割合が増えているといいますが、そもそもその実態、中身はどういうものなのでしょうか。

二〇一三年八月一四日付の東京新聞は「非正規労働者一八八一万人」という見出しで非正規の増大を報道しています。この記事で私は次のような個所が気になりました――「非正規の仕事に就いた理由は、男性では『正規の職員・従業員の仕事がない』という回答が最も多い一六八万人で、『自分の都合の良い時間に働きたい』は一一一万人だった。女性は『家計の補助・学費等を得たい』が三三一万人と最多で『自分の都合の良い時間に働きたい』が三〇一万人と続いた。ただ、正社員の仕事がないことを理由に挙げたのは一七五万人で少数派だった」。つまり、「自分の都合の良い時間に働きたい」という人が男性で一一一万人、女性で三〇一万人、合わせると四一二万人もいるということです。全体の約二二%、五人に一人の割合です。また、「家計の補助・学費等を得たい」と回答した三三一万人の女性たちは最初から正規の仕事を希望していないと考えられますから、これを加えると七四三万人、ほぼ四〇%が正規を望んでいないことがわかります。必ずしも正規の仕事を望んでいない、少なくともそれを積極的には望んでいない、そんな人々の意識がこの調査結果からは見えてきます。

若い世代の間には、旧い世代には見えない大きな意識改革が広がっているのではないでしょうか。最近そんなことに気づかされた本に出会いました。二神能基さんの『ニートがひらく幸福社会ニッポン』[152]という本です。

二神さんは「ニュースタート」というNPO法人を作り、ニートや「ひきこもり」の若者を社会復帰させる活動をしている方です。すでに一二〇〇人の若者を社会復帰させているそうです。この活動を通じて長年若者たちの意識の変化を見てきた二神さんは、最近の若者に見られる新しい価値観を「二一世紀型価値観」と呼んで、先行世代の「二〇世紀型価値観」と比較しています。二神さんが日々接している若者たちの年代層は、まさしく「ロスジェネ世代」です――「わたしたち親世代は貧しさを知り、右肩上がりの高度成長期を生き、努力すれば報われた。経済的成功、物質的な豊かさを重視し、家庭より仕事を優先することや上昇志向を持つことがいいことだと育てられてきた。いい学校からいい会社のルートが分かりやすい一本道であり、そこを目指せばよかった。これが二〇世紀型価値観である。対して若者はバブルがはじけた後の経済が縮小していく日本しか知らず、物質面の豊かさは今は確保されているが、どんなに努力をしてもほんの一握りしか二〇世紀型成功を収められない二一世紀を生きている。物欲も競争意識も低く、他人と競争するくらいなら、むしろ自分から先に同じ土俵から降りようとする。モノを持つ幸せよりむしろ、モノを製造することによる環境破壊のほうが気になる。年功型終身雇用も崩れ、経済面では安定を手に入れられないし、自分が父親よりいい収入を手にすることはない。そんな諦念もあわせ持っている[153]」。ここでは、環境保護や人間の交わりより物資的豊かさを第一としてきた成長主義的な生き方から積極的に「降りよう」とする若者たちの姿が、先行世代の価値観との対比の中で対照的に描かれています。

二神さんが運営するＮＰＯから巣立った若者たちは、年収二〇〇万くらいでも幸せに結婚し、夫婦共働きで、子づくりも十分にやっていけることを証明しているそうです。しかも、彼・彼女たちなりのしっかりとした哲学（「二一世紀型価値観」）を持っているそうです。山田昌弘さんの『パラサイト社会の行方』によると、そもそも年収六〇〇万円以上の三〇代未婚男性は現状では東京で三・五％、青森で〇・九％しかいないのですから[154]、「結婚の条件は年収六〇〇万円以上」といった旧来の結婚観を追求したいなら、東京でも九六・五％近くは結婚できなくなってしまうでしょう。

二神さんは、自身の活動から見えてきた若者の結婚観を次のように描いています――「人口減と少子高齢化が進む日本は経済縮小時代に入り、これから少しずつ貧しくなっていく。『男は仕事、女は家庭』という二〇世紀型結婚から、共働きが当たり前になった現代で、更に『男女の関係なく、互いにできることをすればいい』という、より人間同士らしい二一世紀型価値観の結婚へ移行していくだろう」[155]。つまり、「二一世紀型のハッピーシュリンク〔幸福な縮小〕モデルは、年収二〇〇万円の非正規雇用のニートとそれを愛する働く女性のカップルが二人の子供を育てられる、『ふつうの幸せ』のある家庭[156]」であるというイメージです。この場合、受け皿としての「働く場」や「年収」のあり方も、そうした「二一世紀型価値観」によって同時に改革が迫られることになります。

二神さんはまた、先行世代による「会社主義」的な生き方も問題にしています――「家庭内での父親の存在感のなさと母子密着の強さ[157]」「ワークを優先する余りに、家族からも見放され、仕事以外の人生も持ち合わせていない〔父親〕[158]」「心の豊かさよりモノの豊かさを優先し、『働く』を『金を稼ぐ』に近づけてかぎりなく下品で下劣なものにしてしまったのは、わたしたち大人だ[159]」「会社を退職して地域に戻ると、一人の顔見知りもいない[160]」。二神さんの描く「二一世紀型価値観」はこの「会社主義」からの離脱、本書の言葉で言えば〈単身者主義〉からの離脱ということになります。

「年収二〇〇万夫婦の共働き」――「団塊の世代」からすると、決して真似などできそうにない辛い家庭生活と感じられるかもしれません。しかし、前節の「起業」の項で見てきたように、ここには新しい「労働観」と新しい「労働以外の時間の過ごし方」が見られます。二神さんがあげるニートの若者たちの「労働観」「人生観」、すなわち、裕福さよりも温かな人間関係や環境との交わりを優先する生き方は、「モーレツ社員」となって高額の給料を取得しても家庭を壊し、コミュニティとのつながりを持てないような人生とは対極にあります。

「仕事」と「仕事以外の人生」の両立ということでは、第二節で紹介した「里山ねっと・あやべ」

（本書一五〇頁参照）の塩見直紀さんが提起する議論も忘れてはなりません。塩見さんは「半農半X」という生き方を提唱しています。それは、貨幣経済とも付き合っていきながら農作業で最低限の食糧を自給し、同時に「自分のやりたいことをやる時間」を確保するという生き方です[161]。前節で取り上げた「3万円ビジネス」の実践者、前田敏行さんの場合も同様です。

こうした「労働観」「人生観」は、まだまだ旧い世代から理解されないばかりか、排斥の対象にさえなっているというのが現状です。しかし、いつの世も新しい時代を切り開いてきたのは若者たちなのです。旧世代の人間はそのことを忘れてはなりません。

さとり世代の「幸福感」——二〇一一年一二月一四日付の朝日新聞紙上で、二〇代の社会学者古市憲寿さんが「いまどきの二〇代は不遇？ 幸せですけど」と発言したことは、新鮮な衝撃でした[162]。古市さんは同紙若手記者が「僕の先輩は、将来に希望を抱けないで生きるなんて意味がない、と言っています」と述べたことに対して、「団塊世代のご意見ですよね。確かに彼らは経済成長と共に生きた。しかしモーレツサラリーマン、社畜として人生を送ることがそんなに幸せだったのでしょうか」と返答しています。

財団法人日本青少年研究所が二〇一二年九月から一一月に行なった若者の意識調査（日米中韓の高校生約六六〇〇人を対象）によると、将来「偉くなりたいと思うか」との問いに、「強く思う」と答えた高校生の割合はアメリカ三〇・一％、中国三七・二％、韓国一八・六％に対して、日本は八・七％と最低だったそうです。(163)この調査を取り上げた朝日新聞の記事は、「さとり世代」の一般的傾向として次のような特徴をあげています——①車やブランド品、海外旅行に興味がない、②お金を稼ぐ意欲が低い、③地元志向、④恋愛に淡泊、⑤過程より結果を重視、⑥ネットが主な情報源、⑦読書好きで物知り、などです。金銭欲や物欲がなく、劇的な人生よりも、生まれ育った土地で確かな人生を歩みたい、といった若者像が浮かび上がってきそうです。

同じ紙面には、「バブル世代」の両親と二人の「さとり世代」の四人で構成されるＭさん一家の座談も紹介されています。大学生の息子さんは、「人に勝ちたいとか思わない。やりたい仕事ができて、家族と暮らせればそれでいい」と述べ、高校生の娘さんは、父親が高校時代の思い出として語った発言（「常に戦うように仕向けられていた。人を蹴落とすという感情をむき出しにする時代だった」）を聞き、「何それ、最低じゃん！」「今は服がたくさんほしい。でも、結婚相手も収入も普通でいい」と率直に自分の価値観を述べています。「さとり世代」の二人の発言からは、競争に汲々とするのではなく、やり甲斐のある仕事と適度な収入、そして温かい家庭を求める志向がストレートに伝わってきます。

子どもたち《被災世代》

私は「さとり世代」の次の世代に注目し、その世代を《被災世代》と名付けることにしました。現在の中・高校生（一三〜一八歳くらい）、つまり一九九〇年代後半から二〇〇〇年代前半に生まれ、小・中学校時代に東日本大震災を経験した世代です。感受性に目覚める最も多感な時期に震災・原発事故を同時代的に経験したという点で、おそらく他の世代と比べものにならないほど、大きな「トラウマ」を抱えていると思われる世代です。津波で家族や友達を亡くした子どもたち、放射能被害で避難生活や健康調査を余儀なくされた子どもたち、そして、そうした直接の恐ろしい体験をしなくても、悲惨な報道を毎日のように見せつけられてきた全国の子どもたち――この子らはみな、震災・原発事故に対する大人たちの対応を今も純粋な目で観察し、これからの長い人生を「震災の記憶」とともに歩んでいく世代です。

以下では、新聞記事等に取り上げられた震災後の子どもたちの声、子どもたちの活動に触れながら、この《被災世代》(「改革の先導者」)から私たちが学ぶべきものについて考えてみたいと思います。子どもたちは震災の経験から得た学びを、一生懸命「後世」に伝えようとしています。しかし、子どもたちの言うその「後世」とは、未来の自分たちを指す言葉でもあるのです。

【学校新聞】

秋田市の小学三年生I君は、学校では新聞係で、「石巻のことはわすれないぞ」と新聞づくりを通して被災地を見つめています。その新聞には両親と一緒に行った石巻の状況を載せました。「また石巻に行きたい。今度は修復したところを見たい」と言うI君にとって、小さな眼に灼きついた石巻の光景はきっと生涯忘れ得ぬ「教訓」となるでしょう。(164) どこかのテレビで、ある被災地の少女が、「私がおばあちゃんになったら、自分の孫にこの震災の『教訓』を伝えたい」と気丈に語っていた姿を思い出します。

【復興大使】

福島民報社は、震災・原発事故からの再起を目指す福島県民の思いや、県外の人たちに支援の感謝の気持ちを伝えるために、「うつくしま復興大使」の活動記録集を出版しました。(165) 復興大使の一人、福島市の女子中学生Mさんは、この記録集に毎年家族で桃の収穫をしてきたことを綴りました。(166) 震災後も頑張って桃つくりに励む祖父の姿を見ていっそう手伝う気持ちが強くなったというMさん。記録集では、「本当に多くの方々に支えられているということを実感することができました」と語っています。(167) 中学生とは思えぬ立派な姿勢に感服します。

【高校生演劇】

福島県立相馬高校の放送局メンバー（いずれも女子）が「今伝えたいこと（仮）」という演劇を自分たちで作り上げました。「（仮）」は題名の一部で、「伝えたいことは変わっていく」という意味がこめられているそうです。二〇一二年三月から東京都や京都市、石川県など全国延べ七カ所で上演され、DVDは全国約五〇カ所で自主上映されたといいます（二〇一四年三月現在）。東京新聞にはこの劇を作った六人のメッセージが紹介されています――「事故を忘れず過ちを繰り返さない」（Oさん）、「不安に接する生活を知って」（Wさん）、「考える機会と意思を持とう」（Mさん）、「福島の声は一様ではない」（Tさん）、「頑張る若い世代忘れずに」（F・Yさん）、「ここで元気に生きてやる」（F・Kさん）。原発事故後を生きる地元の子どもたちのメッセージからは被災した多くの方々の切実な思い、内なる決意が、こだまのごとく響き渡ってきます(168)。

【日中高校生交流】

福島県立福島高校の生徒たちが「高校生同士の交流から、日中関係を改善したい」と、二〇一三年三月に上海の復旦大学付属中学と大同中学の八人を福島に招待しました（中国には初級中学と高級中学があり、後者は日本の高校にあたります）。中国の高校生は福島高校の生徒たちと一緒に被災地を訪ね、互いにそれぞれの思いと復興の課題について語り合ったそうです。同年末には逆に福島高校、安積高校、相馬高校など六校の生徒たちが復旦大学付属中学を訪ねて交流を深め、翌年三月には再び大同中学の四人が福島を訪れ福島高校が取り組んでいる震災復興プログラム（温泉熱を利用したバイナリー発電と温室でのミラクルフルーツ栽培）を見学したそうです。両国の高校生は「私たちの時代には日中がもっと親しい関係になるように」というメッセージを発しています(169)。民間による持続的な国際交流の大切さをあらためて教えてくれる事例です。

【桜の木の植樹】

二〇一四年九月二日、パリのOECD本部の中庭に桜の木が植樹されました。原発事故により福島県いわき市で避難生活を続ける同県楢葉町出身の女子高生Mさんが企画したものだそうです。Mさんは被災三県の中・高校生が自分たちの思いや活動を世界に発信する「OECD東北スクール」のメンバーです。「震災に負けない桜を、自宅に帰れないつらい境遇にも負けない自分に重ね合わせた」とMさんはいいます[170]。Mさんはふるさと福島の山や海の自然からたくさん教えられて育ったのでしょう。人を支えてくれるのは人だけではない――私たちが忘れてはならないもう一つの「教訓」です。

【地域再生】

民間団体の協力を得て、被災各地の小・中・高校生のグループが地元の復興のために自発的な活動を行なっています。宮城県気仙沼市の高校生グループ「底上げユース」は郷土料理の試作会などを通じて、また、岩手県山田町の「山田町子どもまちづくりクラブ」は自分たちの街づくり構想を町長に提案したり郷土かるたを大人の協力を得て作成したりすることで、地元を元気づけているそうです。「底上げユース」の女子高生Mさんは、「自分たちも地域を変えられるはず。大人の手が届かないところで高校生にできることはないか」と活動を始めたそうです。子どもたちの限りない想像力こそ地域の宝と言えるでしょう[171]。

【集まる会】

福島県浪江町は現在も「帰還困難区域」が大部分を占める町ですが、同町の請戸《うけど》小学校では震災以来、毎年一回子どもたちによる「集まる会」があるそうです[172]。請戸小出身の子どもたちのこうした絆は、発災避難時の過酷な体験とそこで生まれた助け合いに由来します。その様子は、NPO法人「団塊のノーブレス・オブリージュ」編『請戸小学校物語』で知ることができます[173]。3・11の地震後、請戸小の子どもたち（地震発生時、校内に八三名の児童がいた）は津波を逃れて、引率の先生とともに近くの大平山に向かいました。大平山の登り口を知っていたのは、四年生のR君でした。R君の導きによってみな大平山に避難しました。しかし、雪のちらつく夜になると、恐怖と寒さと疲労のために、子どもたちは精神的にも肉体的にも限界を迎えていました。そんなとき、偶然通りかかったトラックに救助されることになったのです。奇跡的な生還でした。こうした体験が年に一回の「集まる会」を生んだのです。子どもたちはこれからも集まるたびに、このときの「教訓」を胸に刻みながら、団結の必要性、支え合いの大切さ、人の心の温かさを確認し合うのだと思います。

【被災地を訪れた「五人の中学生」】

震災から二年後、お笑いコンビ「ロザン」と被災地外の五人の中学生が福島県南相馬市を訪れました。五人の中学生の声を聞いてみましょう[174]。

Kさん（秋田県大仙市・中学三年男子）――「あらためて津波の恐怖を知りました。まだがれきがたまって復旧段階のところもあり、早く復興のスタート地点に立てたらいいなと思います」。

N・Kさん（さいたま市・中学二年男子）――「元気に笑って過ごしている人もおられるので励みにしたいです。まだ人が住めない場所があり、そういう現状をみんなに教えたいと思います」。

Tさん（岐阜市・中学三年女子）――「津波で家が流されたところを見て、やっぱり津波ってすごいなと思いました。岐阜にも被災地の現状を伝えていきたいと思いました」。

N・Mさん（広島県・中学三年女子）――「がれきの撤去がまだ進んでいないところを見て、復興に向けて協力しなければいけないと思いました。自分も役に立ちたいと思います」。

Iさん（徳島県・中学三年男子）――「津波は本当にこわいなと思いました。いろんな人たちががんばっているところを見て、ぼくもできることを見つけて行動していきたいと思いました」。

いずれの声にも、震災の現実を自分の目でしかと確かめたという実感がこもっています。「自分にできることは何か」と、それぞれが自分なりに一生懸命考えようとしています。こうした素直な感性に勇気をもらいながら大人たちは生きているのです。

【高校生グループ「T-ns SOWL」（ティーンズ　ソウル）】

《被災世代》に日本社会が課してしまった問題は、今や震災や原発事故だけではなくなりました。安倍政権が突き進める軍事国家路線もまた、子どもたちの未来に重大な影響をもたらすものとなってしまいました。これには《被災世代》自身も声をあげ始めています。第二節で触れたように、二〇一五年八月三〇日を中心に盛り上がった「安保法制反対デモ」には高校生グループ「T-ns SOWL」（ティーンズ　ソウル）も参加しました。同年七月に発足したこの高校生グループは無料通信アプリのＬＩＮＥ等でつながりを持ち、関西の「T-ns SOWL WEST」（ティーンズ　ソウル　ウエスト）など全国的な行動に発展しています。同年八月二日には東京・渋谷で、大学生や大人も含め五〇〇〇人規模のデモを行ないました。東京新聞に紹介された当日の高校生の発言はとてもさわやかな印象を与えてくれるものでした(175)。しかしその中身は、私たち大人社会への痛烈な批判をともなうものでした。

Ｓさん（東久留米市・高校一年女子）――「この法案が成立したとき当事者になってしまうのは私たちの世代だと思う。何かできればと考えて、中学校からの友人と一緒に来ました。（中略）大人の皆さんに言いたいのは、こんな法案を出してくる政党がそもそもなぜ選ばれたのかということ。私はそれほど政治に関心があるわけじゃないけど、戦争に反対していると思える党を選びたい。どの政党を選んでも政治は変わらないと、あきらめるのはやめてほしい」。

Ａさん（江東区・高校二年女子）――「私も渋谷で遊びたいし、ショッピングもしたい。そんな当たり前の生活を守りたいからこうしてデモをやりました。〔中略〕国会で自衛隊員の命の話をしているのに、ケラケラ笑ったりヤジを飛ばしたりって、国の代表の人のあるべき姿なのかな。そんな人に自分の未来を託せない」。

Tさん（板橋区・高校二年男子）――「法案を多くの人が違憲と考えて、世論調査では八割が説明不足と答えている。自分は政治に関係ないと思って、選挙に行かなかった人が多かったからこうなったと思う。僕は一八歳で選挙権を持ったら、絶対に選挙に行きたい。〔中略〕デモには想像以上に多くの人が集まり、いい形になったと思う。沿道の人が注目し、応援してくれて、とてもうれしかった」。

「T-ns SOWL」の運動は現在も続けられています。

《被災世代》は、経済成長によってしか得られないような「豊かな生活」など望んでいません。望むのは、「T-ns SOWL」のAさんが言っているように、「渋谷で遊びたいし、ショッピングもしたい。そんな当たり前の生活を守りたい」ということです。震災・原発事故は、まさにこの「当たり前の生活」を奪ってしまいました。日本社会全体を覆ったこの衝撃が、最も多感な《被災世代》をして「一番大事なものは当たり前の生活だ」と言わしめ、「安保法制反対デモ」へと向かわせたのです。《被災世代》は、「震災の記憶」を決して風化させることはないでしょう。そして「さとり世代」と同様、「経済成長主義」や「出世主義」といった旧来の価値観とはまったく異なる生き方を見つけていくことでしょう。

点を結ぶと線になり、そして面に

「女性たち」「若者たち」「子どもたち」――「変革の先導者たち」のそれぞれの「震災以後」を見てきましたが、ここに紹介した事例は日本各地で起きている「新しい動き」のほんの一部にすぎません。たくさんの「点」が今も生まれ続けています。それらの「点」は「男たち」の間にも波及しています。そしてそれらの「点」が星座のように結びつき、「線」や「面」へと発展しつつあります。今は目立たないものの、星座はいずれきっと私たちの目の前にはっきりとその姿を見せることでしょう。私たちはそこに《単身者主義》を脱した新しい日本を見ることになるでしょう。

注

(1) 東京新聞は震災以後、「3・11後を生きる」という特集をずっと続けている。また官邸前の人々の叫びを伝える「金曜日の声　官邸前」という記事も継続的に掲載している。「震災・原発事故」を「風化」させない持続的な報道活動に敬意を表したい。本章は、とくに同紙の掲載記事から多くの示唆を得た。
(2) 朝日新聞（二〇一四・八・二四）。
(3) 東京新聞（二〇一五・六・二〇）。
(4) 岩手日報社編『岩手の記録Ⅱ　明日への一歩―大津波復興の証言』（岩手日報社　二〇一二）。
(5) 同右、二二八～二二九頁。

(6) 同右、三八〜三九頁。
(7) 同右、五六〜五七頁。
(8) 朝日新聞（二〇一四・三・四）。
(9) 復興庁「全国の避難者等の数（二〇一六・一・一四現在）」（復興庁ホームページ　二〇一六年二月アクセス）。
(10) 復興庁「東日本大震災被災者向け災害公営住宅及び民間住宅等用宅地の供給状況（二七年一二月末）について」（復興庁ホームページ　二〇一六年二月アクセス）。
(11) 朝日新聞（二〇一三・三・一二「社説」）。
(12) 東京新聞（二〇一二・一二・三）。
(13)「かーちゃん新聞」は「かーちゃんの力・プロジェクト」の活動報告をしており、二〇一五年一二月で第8号を数える。塩谷弘康・岩崎由美子『食と農でつなぐ―福島から』（岩波新書　二〇一四）も参照。
(14) 広井良典『コミュニティを問いなおす―つながり・都市・日本社会の未来』（筑摩書房　二〇〇九　二三九〜二四〇頁）。
(15) 内閣府ホームページより（二〇一五年一二月アクセス）。
(16) 朝日新聞（二〇一五・一〇・二六）。
(17) ＮＰＯ法人女子教育奨励会（ＪＫＳＫ）は、明治時代に実業家の渋沢栄一や政治家の伊藤博文などによって作られた「女子教育奨励会」が前身。二〇〇二年に渋沢栄一のひ孫である渋沢雅英さんと元労働大臣官房審議官木全ミツさんによってＮＰＯ法人として再出発した。東日本大震災を契機に「結結プロジェクト」を立ち上げ、ここから「いわきおてんとＳＵＮプロジェクト」や「東北の美しい未来創造塾」などが生まれた。
(18) 企業組合とは、「利益追求のみではなく生きがいや志に共感した事業者、勤労者、主婦、学生などの個人

（四人以上）が集まり、一つの企業体となって事業活動を行う組合」（中国経済産業局ウェブサイト　二〇一五年一二月アクセス）。

(19) 東京新聞（二〇一二・一二・七）。

(20) いわきおてんとSUN企業組合「おてんと日和」（Vol.1　同企業組合パンフレット　二〇一五）。

(21) 同右。

(22) 東京新聞（二〇一五・八・二八「東北復興日記」）。

(23) 「いわきおてんとSUN企業組合」前掲パンフレット。

(24) 東京新聞（二〇一四・七・一八）。

(25) 朝日新聞（二〇一三・四・一「集団移転　岩沼なぜ順調？」）。

(26) 古川美穂「協同で進める復旧復興」（『世界』二〇一二・一一月号）。

(27) 同右、二二八頁。

(28) 同右、二三一頁。

(29) 同右。

(30) 同右。

(31) 同右、二三五頁。

(32) 神島二郎『新版　政治をみる眼』（日本放送出版協会　一九九一）および大森美紀彦『日本政治思想研究』（世織書房　二〇一〇）参照。

(33) 五野井郁夫『デモとは何か』（NHK出版　二〇一二）。

(34) 同右、一六三頁。

(35) 同右、二〇二頁。

(36) 同右。

(37) 朝日新聞（二〇一五・九・一五「ウォッチ安保国会」）。
(38) 神島二郎『日本人の結婚観』（講談社学術文庫　一九七七　三〜四頁）。
(39)「ベトナムに平和を！」市民連合編『資料・「ベ平連」運動』（上巻　河出書房新社　一九七四　六頁）。
(40) 東京新聞（二〇一二・一一・一五「『核燃まいね』デモ二六年」）。「まいね」とは「だめ」という意味。
(41) 同右（二〇一二・七・三〇「原発止めて熱気充満」）。
(42) 同右。
(43) 同右（二〇一三・三・三〇「官邸デモ一年声上げ続ける」）。
(44) 同右（二〇一五・九・一六「安保デモ拡大　市民続々」）。
(45) 同右（二〇一五・八・三）。
(46) 朝日新聞（二〇一五・九・二）。
(47) 東京新聞（二〇一三・一〇・三一）。
(48) 同右（二〇一四・一〇・三〇）。
(49) 同右（二〇一四・三・二二）。
(50) 朝日新聞（二〇一五・七・二七）。
(51) 内閣府「社会意識に関する世論調査　平成二四年」（二〇一二）。
(52) 朝日新聞（二〇一五・五・一九）。
(53) ＮＨＫ放送文化研究所編『現代社会とメディア・家族・世代』（新曜社　二〇〇八　一八七頁）。
(54) 内閣府「男女共同参画社会に関する世論調査　平成二四年」（二〇一二）。朝日新聞（二〇一三・一・一〇）も参照。
(55) 同右、朝日新聞。
(56) 東京新聞（二〇一三・一〇・二三）。

(57)高坂勝『減速して生きる―ダウンシフターズ』(幻冬舎　二〇一〇)。
(58)同右、二五〇～二五一頁。
(59)朝日新聞(二〇一〇・一二・二六「孤族の国」)。
(60)東京新聞(二〇一四・一・一四「多様なかたちを認めよう」)。
(61)難波和彦『新しい住宅の世界』(放送大学教育振興会　二〇一三　二七二～二七三頁)。
(62)浅川ほか、本書第2章前掲書、一二五～一二六頁。
(63)朝日新聞(二〇一五・九・二七～一〇・二五「どうする?自治会・町内会」全六回)。
(64)菅原康雄・三好亜矢子『仙台・福住町方式　減災の処方箋―1人の犠牲者も出さないために』(新評論　二〇一五)。
(65)同右、二四頁。
(66)同右、四五頁。
(67)同右、一六四頁。
(68)東京新聞(二〇一〇・三・三一)。
(69)同右(二〇一〇・一二・三一)
(70)村上義和『イタリアを知るための55章』(明石書店　一九九九　一七〇頁以降)。松田博『ボローニャ「人民の家」からの報告』(合同出版　一九八三)も参照。
(71)東京新聞(二〇一四・八・三一「時代を読む」)。
(72)内山節「時間が蓄積される里」(『一三戸のムラ輝く』全国林業改良普及協会　二〇〇六　二三二頁)。
(73)内山節「ともに生きる社会　再創造を」(『農業協同組合新聞』二〇一三・五・一七)。
(74)朝日新聞(二〇一二・五・二九)。
(75)同右。引用中の「おまかせ民主主義」とは、アルゼンチンの政治学者ギジェルモ・オドンネルが提起した「委任型民主主義」の概念を噛みくだいた訳語として、経済学者佐野誠（一九六〇～二〇一四）が命名したもの。選挙を通じて大統領や政党を選ぶ点では民主主義だが、一旦選ばれると、行政のみならず、ときには司法・立法にまで全権委任したかのように政治が進められていく民主体制のことを言う（佐野誠『99％のための経済学・教養編―誰もが共生できる社会へ』新評論　二〇一二）。

(76) 同右、朝日新聞。
(77) 東京新聞（二〇一三・四・二九「多摩発の自然エネルギーを　広がる市民電力」）。
(78) 同右（二〇一四・三・三一「『地域資源で発電』拡がれ」）。
(79) 同右（二〇一四・一・二〇「大正の小水力　復活挑む」）。
(80) 同右（前掲二〇一四・三・三一）。
(81) 「バイオマスタウン真庭ツアーガイダンス」（真庭観光連盟パンフレット　二〇一三）。
(82) 藤井絢子・菜の花プロジェクトネットワーク編『菜の花エコ革命』（創森社　二〇〇四）。
(83) 滋賀報知新聞（二〇一〇・一・三）。
(84) 藻谷浩介・ＮＨＫ広島取材班『里山資本主義』（角川書店　二〇一三　一三八頁）。
(85) 同右、一三三頁。
(86) 近畿財務局財務事務所舞鶴出張所「地域トピックス」（同出張所パンフレット　二〇一五・三・二）。
(87) 塩見直紀「半農半Xという生き方と『里山ねっと・あやべ』がめざすもの」（龍谷大学大学院ＮＰＯ・地域行政研究コース編『分権型社会を拓く自治体の試みとＮＰＯの多様な挑戦』第五号　二〇〇九年二月）。
(88) 藻谷ほか、前掲書、一六八頁。
(89) 朝日新聞（二〇一四・六・二九「再見細見　地域から」）。
(90) 東京新聞（二〇一四・八・一〇「田舎暮らし　人気」）。
(91) 「水の源」は二〇一四年九月で二六号を数えており、全国各地の活動を伝えている。

(92) 井上恭介・NHK「里海」取材班『里海資本論―日本社会は「共生の原理」で動く』(KADOKAWA 二〇一五)。
(93) 菅野さんご一家の活躍については、菅野正寿「原発のない、住民主体の復興と農の再生をめざして」(藤岡美恵子・中野憲志編『福島と生きる―国際NGOと市民運動の新たな挑戦』新評論 二〇一二)等を参照。
(94) 朝日新聞(二〇一三年四月から連載開始「へぇな会社」)。二〇一四年六月には単行本化されている(朝日新聞「へぇな会社」取材班＋よしたに『へぇな会社―変わっているけど成果を生み出す〔働き方〕〔儲け方〕のルール39』朝日新聞出版 二〇一四)。
(95) 坂本光司『日本で一番大切にしたい会社』(あさ出版 第一巻二〇〇八～第五巻二〇一六 刊行中)。
(96)「私はこれまで、全国七〇〇〇社以上の中小企業を見て回ってきました。その中で、正しい経営をしているのは、約一割、七〇〇社程度しかないというのが実感です。〔中略〕七〇〇社のことは頭の中にはっきり残っていて、それぞれに素晴らしい特色があります。その中でも印象的だったのは、長野県伊那市の伊那食品工業が挙げられます」(『潮』二〇一四年一二月号 八八～八九頁)。
(97) 伊那食品工業「企業案内」パンフレット。
(98) 中日新聞(二〇一四・七・一二)。
(99) 坂本、前掲書、七九頁。
(100) 山田昭男『ホウレンソウ禁止で一日七時間一五分しか働かないから仕事が面白くなる』(東洋経済新報社 二〇一二)などを参照。「ホウレンソウ禁止」の「ホレンソウ」とは、「報告・連絡・相談」のことで、組織における仕事の効率化や責任の明確化のための「標語」として、会社や役所で良く使われている。山田社長は、「ホウレンソウ」は、社員の自由な発想を妨げるものであると禁じた。これが良い結果をもたらした例として、電機メーカーであるにもかかわらず、社員の発案でせんべいなども作るようになったことをあげている。せんべいは見学者のお土産として好評で、会社の利益につながったという(一二八～一三二頁）。
(101) 同右、五頁。
(102) 同右、六頁。
(103) 同右、一二八頁。
(104) 同右、一二七頁。
(105) 朝日新聞（二〇一三・六・一「けいざい新語」）。深尾京司・権赫旭「日本経済再生の原動力を求めて」（在日米国商工会議所〔ACCJ〕白書『成長に向けた新たな航路への舵取り～日本の指導者への提言』記者発表会〔二〇一〇年一一月二四日〕報告用資料）も参照。
(106) 鈴木俊博・横石知二監修『いろどり社会が日本を変える』（ポプラ社　二〇一三）。
(107) 朝日新聞（二〇一三・九・一六）。
(108) 藤村靖之『月3万円ビジネス―非電化・ローカル化・分かち合いで愉しく稼ぐ方法』（晶文社　二〇一一）。
(109) 東京新聞（二〇一二・八・二〇「紡ぐ―プチ幸福起業のススメ」）。
(110) 同右。
(111) 藤村靖之『月3万円ビジネス100の事例―ワイワイガヤガヤ愉しみながら仕事を創る』（晶文社　二〇一五）。
(112) 「前田敏之さんが語る「月三万円ビジネス」の楽しさ」（「りんりんふぇす二〇一三」のトークより）。「りんりんふぇす」は雑誌『THE BIG ISSUE』主催のサポートライブ、二〇一五年で六回を数える。
(113) 武田晴人『仕事と日本人』（ちくま新書　二〇〇八、二六一頁）。
(114) 同右、六〇頁。同書では、「課題本位」（task-orientation）という用語はE・P・トムソン（一九二四～一九九三、イングランドの歴史家）の言葉として紹介されている。
(115) 同右、二四六頁。

(116) 同右、二八二頁。
(117) 帝国データバンク「特別企画：長寿企業の実態調査二〇一三年」(二〇一三・九・二)。
(118) 日経ビジネス編『会社の寿命―盛者必衰の理』(新潮文庫　一九八九)。
(119) 東京新聞(二〇一三・九・一五「日本の中小企業」)。中小企業基本法では、資本金三億円以下、常用雇用の従業員数三〇〇人以下が中小企業と定められている。
(120) ものつくり大学の志願者数は、二〇一二年度三三六人、一三年度三九一人、一四年度四九七人と増え続けている(『パスナビ』旺文社　二〇一五年八月アクセス)。
(121) ビデオリサーチのデータでは、二〇一五年二月二六日の同番組は一二・五％の高視聴率を示している。
(122) 坂本、前掲書、第四巻、一五二頁。
(123) 独立行政法人労働政策研究・研修機構『データブック国際労働比較二〇一四』(同機構　二〇一四年三月九三・九九頁)。
(124) 小川秀樹『イタリアの中小企業―独創と多様性のネットワーク』(日本貿易振興会　一九九八　二頁)。
(125) 岡本義行「イタリアの中小企業」(法政大学社会学部学会『社会労働研究』第三七巻第四号　一九九一　一七九頁)。
(126) 中小企業庁『中小企業白書　平成一〇年版』(大蔵省印刷局　一九九八　二七三頁)。
(127) 小川、前掲書、七頁。
(128) 同右、五頁。
(129) 内橋克人・奥村宏・佐高信『〈会社本位主義〉をどう超えるか』(東洋経済新報社　一九九二　一四四～一五二頁)。「ポスト・フォーディズム」とは、アメリカ自動車大手フォード社が開発した組み立てラインの「大量生産」システム(「フォーディズム」)を批判し、それに代わる新しいシステムを構築していこうという考え方。

(130) 朝日新聞（二〇一三・六・三〇「ワールドけいざい　韓国さらば御用組合」）。「超企業別労組」とは、韓国において「産別転換」（一九九〇年代終わりに始まる企業別組合から産業別組合への転換を指す）によってできた産業別労働組合のこと。
(131) 同右（二〇一三・四・九「労組旗揚げ初めての春闘」）。
(132) 東京新聞（二〇一三・九・七）
(133) 二〇一二年一一月一七・一八日、さいたま市大宮区「大宮ソニックシティ」で開催。
(134) 賀川豊彦『死線を越えて』（社会思想社　現代教養文庫　一九八三）。
(135) 賀川豊彦『友愛の政治経済学』（野尻武敏監修・加山久夫・石部公男訳　コープ出版　二〇〇九）。この書は、一九三六年にニューヨークのロチェスター神学校で行なった賀川の講演 *"Brotherhood Economics"* の翻訳である。
(136) 水野和夫『資本主義の終焉と歴史の危機』（集英社新書　二〇一四）。
(137) 「いま、『協同』がつくる２０１２全国集会実行委員会」作成パンフレット『人間復興のコミュニティを～働く・暮らす・つながる命』参照。
(138) 内橋克人「『社会変革の力』としての協同」（『世界』二〇一二年一一月号　二〇〇頁）。同『共生の大地―新しい経済が始まる』（岩波書店　一九九五）も参照。
(139) トリクルダウン（trickle down）という言葉は「したたり落ちる」という意味。「トリクルダウン」仮説とは、大企業や富裕層を富ませれば、経済活動が活発になり、富が低所得者層にしたたり落ち、国民全体の利益になるという仮説。「アベノミクス」は「トリクルダウン」仮説で成り立っているが、二〇一五年五月二日に掲載された朝日新聞の世論調査結果によれば、安倍内閣の経済政策で自身の暮らし向きが「良くなった」と答えたのはわずか四％（二〇一三年五月同調査では三％）にとどまり、「悪くなった」は二一％（同八％）、「変わらない」は七三％（同八六％）となっている。これを世帯年収別で見ると、「良くなった」は

「一〇〇〇万円以上」の層で八%、「三〇〇〇万円未満」の層ではたった一%にすぎず、「トリクルダウン」効果は富裕層にさえほとんど実感されていないことが明らかになった。所得格差についての質問では、回答者全体のうち、「広がってきている」が七六%で、「そうは思わない」の二〇%を大きく引き離している。

(140) トマ・ピケティ『21世紀の資本』(山形浩生ほか訳　みすず書房　二〇一四)。

(141) アマルティア・セン『貧困と飢餓』(黒崎卓ほか訳　岩波書店　二〇〇〇)。

(142) アマルティア・セン『貧困の克服―アジア発展の鍵は何か』(大石りら訳　集英社　二〇〇二)。

(143) アントニオ・ネグリ+マイケル・ハート『〈帝国〉―グローバル化の世界秩序とマルチチュードの可能性』(水嶋一憲ほか訳　以文社　二〇〇三)。

(144) アントニオ・ネグリ+マイケル・ハート『マルチチュード―〈帝国〉の時代の戦争と民主主義』(上・下巻　幾島幸子訳　日本放送出版協会　二〇〇五)。

(145) セルジュ・ラトゥーシュ『〈脱成長〉は、世界を変えられるか?―贈与・幸福・自律の新たな世界へ』(中野佳裕訳　作品社　二〇一三)。

(146) これらの女性たちの運動については、それぞれの運動のホームページ等を参照。

(147) 東京新聞(二〇一二・一・三「女子力2012　ニッポンの女子力　脱原発へ」)。

(148) 「団塊の世代」は、第一次ベビーブーム(一九四七(昭和二二)~一九四九(昭和二四)年)に生まれた世代。現在六〇代後半で、高度経済成長・バブル景気を経験している。「しらけ世代」は、一九五〇年代(昭和二〇年代半ば~三〇年代半ば)に生まれた世代。現在五〇代後半から六〇代前半で、学生運動が下火になった時代に青年期を送り、政治的な議論に無関心な世代、「無気力・無関心・無責任」の「三無主義」世代とも言われている。

(149) 東京新聞(二〇一一・三・八「バブル世代も草食化!?」)。

(150) 朝日新聞(二〇一五・一・一一「私を・が・動かす⑨―生きる楽しみ　仕事の力に」)。

(151) 同右（二〇一一・一二・二三「雇用悪化が招いた『草食化』」）。
(152) 二神能基『ニートがひらく幸福社会ニッポン』（明石書店　二〇一二）。
(153) 同右、一〇四頁。
(154) 山田昌弘『パラサイト社会のゆくえ』（筑摩書房　二〇〇四　二三頁）。
(155) 二神、前掲書、三〇頁。
(156) 同右、一八三頁。
(157) 同右、一一八頁。
(158) 同右、一二四頁。
(159) 同右、六四頁。
(160) 同右、一二四頁。
(161) 塩見直紀『半農半Xという生き方』（ちくま文庫　二〇一四）参照。
(162) 朝日新聞（二〇一一・一二・一四「いまどきの二〇代は不遇?幸せですけど」）。古市憲寿『絶望の国の幸福な若者たち』（講談社　二〇一一）も参照。
(163) 朝日新聞（二〇一三・四・二四「いま子どもたちは―さとり世代①」）。
(164) 東京新聞（二〇一三・六・二〇）。
(165) 福島民報社編『伝えたいふくしまの心　2012年度』（福島民報社　二〇一三）。
(166) 同右、四五頁。
(167) 同右、一七〇頁。
(168) 東京新聞（二〇一四・三・二）。
(169) 同右（二〇一四・三・一一）。
(170) 朝日新聞（二〇一四・九・三）。

(171) 読売新聞(二〇一四・八・一二)。
(172) 東京新聞(二〇一三・八・一三)。
(173) NPO法人「団塊のノーブレス・オブリージュ」編『請戸小学校物語—大平山をこえて』(請戸小学校物語制作委員会 二〇一五)。
(174) 東京新聞(二〇一三・八・二二)。
(175) 同右(二〇一五・八・三)。

第4章
「拠点」づくりと《新しい個人主義》

今では毎日のように、普通の人々による地域に根差した小さな運動が全国各地で行なわれている。これらは日本中に吹いている「風」を示す「梢」の揺れである（さよなら原発！三鷹アクション」のパレード。東京・三鷹市／2016. 1. 31）。

政治運動をしても、私人があくまで私人であるためには、かれは政治もおかしえぬ生活の拠点をもっていなければなりますまい。そういう生活の拠点をもつためには、衣食住をはじめ市民としての権利義務をかれ自身で行使できるだけの収入と余暇とが確保されていなければなりません。それら収入と余暇の要求は、かれがたんに楽をしたり遊んだりするために必要なのでは断じてない。まさにかれが社会の一単位として人間の拡大再生産というかれ自身の社会的責任を果たさんがためです。こういう責任を果たさんがためにこそ、最低賃金ベースの確立、労働時間の短縮および完全雇用の実施が、最小限度の労働者の権利として要求されなければならないのです。

（神島二郎『日本人の結婚観』筑摩書房　一九六九　二六四頁）

本書第1章では、欧米をはじめとする諸国（の人々）と比較して、日本（人）が「普通でない」と思われることを、「政治」と「生き方」（ライフスタイル）に分けて論じました。本章ではこの点で私がとても気になっていることを、二つほど補足したいと思います。一つは会社や国家に対する向き合い方に関わるもので、日本人は会社や国家を所与のものと考え、自らの「作為」として作り上げるものであるととらえる意識が希薄であり、その結果、この社会では会社や国家に距離を置く自律した主体の形成や、そのための「拠点」づくりという発想が生じにくくなっていること、もう一つは、「社会」のとらえ方に関わるもので、日本人は社会を構成する最小単位を「二人」ではなく「一人」、つまり、個人と個人のペアではなく、バラバラな単独の個人として措定する傾向が強く、その結果、この社会では家族やコミュニティ単位による活動が育ちにくくなっていることです。

一　自律のための「拠点」づくり

厚生労働省の諮問機関である中央最低賃金審議会小委員会は、二〇一五年七月二九日、一五年度の地域別最低賃金の改訂について全国平均の時給で一四年度より一八円引き上げて、七九八円とする目安を発表しました。(1) この一八円増は、二〇〇二年度以来最大の引き上げ幅だそうですが、上がったとはいえ、もちろんこれでは生活するのに十分ではありません。当然見直しが必要です。しかし、この低い賃金ベースを批判する人は多くいるのですが、冒頭に引用した神島二郎の議論は、より根源的な視点から労働時間や最低賃金をめぐる日本社会の問題点を指摘したものでした。引用文には「私人」や「拠点」という言葉が出てきます。「私人」「拠点」とはどういう意味なのでしょうか。

そもそも近代日本においては、会社も国家も欧米から来た「輸入品」でした。日本人がゼロから作り上げたオリジナルなものではありません。「追いつき追い越せ」というかけ声のもと、明治以降の日本は、欧米で作られた「既製品」を一生懸命「模倣」することで「一等国」を目指したのです。「模倣」は一から作るのに比べると完成させるには時間がかかりませんから、その分だけそこでの苦労を捨象することができます。ですから、完成すれば次々とまた別の「完成品」を目指すことにとらわれ、一から始める人々が心を砕き欠点を克服しながら作り上げてきたプロセス（歴史）には無関心となる傾向があります。例えば、国家づくり一つ取っても、ヨーロッパでは社会契約論などを経て、被為政者の人権や諸々の政治的権利が保障されていく長い道のりがあったわけですが、「模倣の完成品」ではそうした積み上げが欠いている分だけ、「形だけのもの」「脆弱なもの」になってしまいがちです。「安保関連法制」をめぐり露わになった安倍首相の「立憲主義」に対する無理解などはこの例でしょう。(2)

欧米との違いについては、政治学者の丸山眞男（一九一四〜九六）が指摘した「自然と作為」という問題もあります。(3) 近代的諸制度を「作為」（人間が手づくりしたもの）ととらえる欧米では、近代国家を成り立たせる前提には「人間の集団」（社会）の営為がなければならないと考えられています。つまり、「国家」の前に「社会」が前提されているということです。

先の議論に当てはめれば、日本は「既製品」としての「国家」を輸入したという意味で、近代的諸制度を「自然」（自動的）に手に入れたとも言えますが、その国家をまるで「自然崇拝」のように人間集団（社会）の力が及ばない神聖なものとして崇める傾向もあります。欧米とは反対に、「社会」の前に「国家」が前提されているという構図です。

「社会」よりも「国家」を前提とする日本では、人々が国家に距離を置くという発想は希薄です。そればかりか、国家が「神性」を帯び、戦前では国家に過剰な価値を置く「超国家主義」や、国家を家族になぞらえて国民に国家への忠誠を求める「家族国家観」（「序」注10参照）といったイデオロギーさえ生み出されました。戦後においてとくに広がった「会社主義」はそのミニチュア版と言えるもので、これは、会社を相対化し会社に距離を置く生き方ができていれば起こらなかった風潮です。

「非正規労働者の増大」「年収二〇〇万以下の勤労者、四分の一強」「深刻化する一人親世帯の貧困化」「やる気ある若者が企業で使い捨てに」…。新聞の見出しではありませんが、私たちはテレビや新聞、インターネットから毎日のように流されるこうした報道を、まるで雨が降ったり雪が降ったりといった「自然現象」であるかのように受け取ってはいないでしょうか。「会社や国家（＝政府）の施策の結果なのだから、個人の力ではどうすることもできない」と言って諦めてはいないでしょうか。もしそうならば、ここにこそ日本（人）の克服すべき「普通でない」問題があります。「最低賃金ベース」は会社や国家が「自然」（自動的）に上げてくれるのではありません。状況を変革するのはあくまで「人間の集団」（社会）、つまり私たち一人ひとりであって、それ以外ではありません。

「会社や国家を変えていくのは私たち一人ひとりである」――こうした「普通の意識」を日本人が身につけていくには、会社や国家に同化することのない、物理的かつ精神的な、しっかりとした持続的「拠点」が必要であると思います（第3章一一八頁参照）。本章冒頭に引用した神島の文に「生活の拠点」とありますが、神島は〈家庭拠点主義〉という用語を用いて、その「拠点」づくりの必要性を説きました。私は今まで、この〈家庭拠点主義〉を、会社や国家よりも「家庭」に重きを置かなくてはならないと、字義通りの単純な意味で受け止めていました。しかし、最近では、「拠点」という言葉にも同じだけの重みを感じるようになりました。つまり、「家族」の再生と「生活の拠点」づくりは一体のものであるという当たり前のことに気づいたのです。確かに、近代日本社会においては、会社や国家に取り込まれない自律的な「拠点」づくりという発想はきわめて希薄でした。

冒頭の神島の一文には次のような言葉も見られます。「私人があくまでも私人であるためには…」――これは、会社や国家の構成員である前に、一人の人間であるためには…、そのような問いとして読むことができます。「私人」とはつまり、「市民としての権利と義務」を行使する会社や国家から独立した「自律的な主体」のことです。そうした主体を形成していくには「政治もおかしえぬ生活の拠点」が必要であり、そのためには「収入と余暇」が確保される必要がある――神島が提起する「最低賃金ベースの確立」「労働時間の短縮」「完全雇用の実施」とは、単に経済的な要求を満たすためではなく、会社や国家に取り込まれない「自律的な主体」を一人ひとりが身につけ、良い社会を築いていくために必要なものだったのです。

その上で神島はいいます――「パターナリズム〔温情主義〕によって官庁、会社、団体にあずけられているげたを返してもらい、家庭の設計に必要な経費をまかなうにたる賃金体系をかちとることが先決です」[4]。そして「家庭の設計」のためには生活に即した「環境改造」が必要であり、そこから「連帯」というものも生まれてくると主張します――「間接税や源泉徴収など、税負担を意識させせぬようなからくりは、こまります。つまり、政治・行政のしくみをもっと透明にして、税金のつかい道をだれにでもちゃんと見とどけられるようにして、そのうえで必要な税金はすすんで負担し、われわれの環境改造をおしすすめることが、肝心なのです。家庭の設計を立て、そのために環境改造をおしすすめるとき、地域的な連帯や職業的な連帯や階級的な連帯がそこではじめて出てくるはずです」[5]。今現在、日本政府が押し進めている消費増税への批判にも通ずる主張です。

まずは家庭（家族・カップル・友人関係と言い換えてもよいでしょう）を「拠点」とし、それをとりまく地域のコミュニティや自然を大事にしながら、会社や国家から独立した「自律的な主体」を互いに築いていくこと。これが神島の言う〈家庭拠点主義〉のイメージであり、「連帯」の基礎のイメージだったのです。

こうした「自律的な主体」の形成は、近代日本の社会には長い間大きく育ちませんでした。しかし、東日本大震災の経験によって、そのような主体形成の機運が、いわば《支え合う主体》の形成をともなっていっきに高まり出したのです。神島の〈家庭拠点主義〉の議論は、本書で見てきたような震災後のさまざまな動きに理論的な根拠を与え、もう一つの新たな「連帯」に向けて、きっと大きなヒントを与えてくれるものとなるでしょう。

二　《新しい個人主義》――〈あいたい〉理論（〈ツワイザームカイト〉セオリー）

さて、欧米をはじめとする諸国（の人々）と比較して日本（人）が「普通でない」と思われることで補足しておきたい二つ目は、社会の基礎単位を「二人」ではなく、「一人」（単独の「個人」）とする考え方に関わるものです。この考え方は近代以降の日本社会のあり方を示す特徴とも言えるものです。

本書「序」で述べたように、神島の言う〈単身者主義〉には、「会社本位の生き方＝『モーレツ社員』の生き方」という意味のほかに、〈孤人主義〉というもう一つ意味が含まれています。

第2章で論じましたが、明治近代の日本は地方の独身者を都会に集め、個々バラバラな〈孤人〉を労働力にして、工業化・軍国化を図りました。そして〈孤人〉を社会の一単位と想定するそうした〈孤人主義〉的な考え方は、〈単身者本位社会〉を補強するもう一つの要素として長く生き続け、今日に至りました。

日本文化論の定番の議論で、「欧米は個人主義で日本は集団主義である」というものがあります。集団主義の日本では「個」が確立されておらず、付和雷同や全員一致が起こりやすい。日本人に欠けている「個」を日本人は身につけていかなければならない――簡単に言えばこういう議論です(6)（第2章六八～六九頁参照）。戦後、「意識の高い」人たちはこの「個の確立」を価値として、その実現を目指しました。しかし、そのやり方は〈孤人主義〉を超えるものではありませんでした。職場や地域との「連帯」を脇に置き、「一匹狼」のように、個々バラバラに会社や国家の権力に立ち向かっていったのです。結果として、日本における「個の確立」の議論は、「自律的な主体」同士の「連帯」を阻害することになりました。

欧米は個人主義の社会です。しかし、社会の基礎単位は「一人」（孤立した「個」）ではなく、あくまでも「二人」以上の「自律的な主体」（あるいは《支え合う主体》）を前提にしています。神島は、頭で考えれば至極当然の、しかし近代日本ではそうなっていない認識上のこのズレに着目し、〈あいたい〉理論（〈ツワイザームカイト〉セオリー〈= Zwisam-keit〉theory）[7]という概念を作り出しました。

〈あいたい理論〉を神島は次のように説明しています――「人が人であるということは、人は人から生まれ、人に育てられ、人を相手にして、人のなかで人になるということである。もし人は人から生まれても、狼に育てられ、狼を相手にしてくらすならば、人にはならぬ。ということは、人を相手にし、人中でくらすことが人であることにとって、いかに重要であるかということ、その意味で、人が間柄的存在としての人間だということは、カール・レーヴィット[8]もいい、和辻哲郎[9]もいったが、そうした人間存在の基本的なあり方を私はツワイザームカイト（むかいあいとしてのあいたい）に求めないではいられない。そしてこのツワイザームカイトを担保するもっとも日常的な形態が家族であり、その意味で、夫婦・親子・兄弟姉妹が基本的なものとみなされるのは当然といわなければならない」[10]（傍点：引用者）。

この説明の中で、「間柄的存在」という言葉とともに重要になるのが〈むかいあい〉という言葉です。これは個と個が単に静的に向かい合うのではなく、「交信」を前提にして動的に向かい合う状態をいいます[11]。また、そこでの「交信」は権力的な上下関係ではなく、対等・平等な関係によって成り立つものとされます。神島はこの〈むかいあい〉の基礎単位をなす「もっとも日常的な形態」を「家族」と考え、そうした「間柄的存在」によって成り立つ社会を再構築すべきと唱えたのです。

ここでとくに注意しておかなければならないのは、神島の〈家庭拠点主義〉は欧米の個人主義と日本の〈孤人主義〉との比較考察によって形成された概念であったということです。神島が〈単身者主義〉を批判し、「家族」に焦点をあてるのは、あくまで「人間が人間であるための基礎条件」を追求したからに他なりません――「私は、近代以降、単身者本位の体制がつくられたことの問題性を指摘し、これを克服する道を探ったわけですが、そのさい、私が考えていたのは、人間が人間であるための基礎条件は一ではなく二であること、具体的にいえば、単身者ではなく二人以上の最小単位の結合、家族に関連していえば、夫婦、親子、兄弟姉妹、そのうち親子とはいっても、両親そろった親子もあれば、父子とか母子の場合もある。いずれにせよ、二人以上の結合、すなわち、持続的に精神的、かつ経済的共同生活がなりたっているならば、それは社会的に正常な基礎単位と考えてよいのではないかと思います[12]」。

人間は一人では生きていけない存在です。西洋においてこうした認識がとても大切であるとされていることは、文学作品などを見ても一目瞭然です。登場人物には常に他者との〈むかいあい〉が見られます。孤独から逃れるために人を求め、たとい人との一体感が薄れても、宗教的神の存在が個人の内面にやどり、決して孤立することはありません。例えば、ロシアの文豪ドストエフスキー（一八二一～八一）の『罪と罰』の主人公ラスコーリニコフは、罪の意識に苛まれ〈神との〈むかいあい〉〉、最後は家族の生活のために自己犠牲的に娼婦となったソーニャの祈りの前に罪を告白します〈人との〈むかいあい〉〉。また、「間柄」性や「交信」性（＝「対話」）を人間存在の重要な基礎と見なす考え方は、例えばオーストリア出身のユダヤ系哲学者マルティン・ブーバー（一八七八～一九六五）が「対偶語（我─汝）」という言葉を通じて、社会形成における人間関係や対話の重要さを唱えたことでも確認できます[13]。ところが、近代日本の歩みにおいては、西洋の文物を積極的に受容するものの、西洋では常識的なこのような考え方を置き去りにしたまま「模倣」を続けました。その結果、「悪しき個人主義」＝〈孤人主義〉だけがはびこり、人は〈むかいあい〉や「交信」を忘れ、バラバラになっていったのです。

人間というものはそもそも「間柄的存在」であり、社会は〈むかいあいとしてのあいたい〉を前提に構築されねばならない──神島のこの議論は、個人主義と集団主義を相容れないものとして単純に区別してきた日本の思想風土にあって、前者を「個の確立」として、後者を「人が他者と組み合うこと」（＝〈あいたい〉）として両者の関係を結びつけた点で特筆に値します。つまり、人が他者と「組む」ことは「個を失う」ことではなく、むしろ「個の確立」につながり、逆に、「個の確立」

は「組む」ことの否定ではなく、むしろその積極的な肯定を意味するというわけです。ここではこれを日本における《新しい個人主義》と名付けておきたいと思います。

今、日本の社会を見渡すと、学校では「いじめ」の問題が、また企業では「過労死」の問題が盛んに取り沙汰されています。私はこうした事態の報道に接するたびに、なぜ「組まない」のか、といつも思います。「いじめ」で困っている子がいれば、その子にとって「組める」友達が見つかるよう大人たちは手助けしてあげましょう。友達は多く持つ必要はありません。まず、しっかりと「組める」相手を一人作ることです（これは当事者としての私の経験からも言えます）。また、企業で理不尽なサービス残業を押し付けられているならば、まず、その会社の上司・同僚あるいは外部の友人に相談しましょう。過労死寸前でようやく支援団体や親に相談するというケースがとても多いそうですが、その前に、会社の内外で「組める」相手を積極的に探してみましょう。「組むこと」は「恥」ではないし、「個の確立を阻害するものでもない」のです。「いじめ」や「過労死」を防ぐために、こうした考え方を日本社会に定着させることが急務です。

私ごとになりますが、私は二〇一三年、東京都の職員として六〇歳の定年を迎え退職しました。仕事を通じて長年日本社会を観察し、なぜみな身近な人たちと「組まない」のかなと思って過ごしました。職場や地域で何か問題が生じても、みな「個」の立場にとどまるのみで、「組まない」のです。いよいよ「組む」場合には一足飛びに大きな組合や団体に頼ったりします。しかし、それでは「個の確立」を前提としない、いわば「まる投げ」であって、たとい「組んでも」それは足腰の弱い運動に終わってしまいます。

「組む」基礎単位は「二人」です。「個」を大事にする「二人」が勇気を出して組みさえすれば、それだけで運動はとても実りあるものになります。互いに「組み合う」だけで、「強い者」に立ち向かうことができます。「強い者」は「力」（＝「権力」）で自分たちの主張を押し通そうとしますが、こちらは勝敗にこだわらず、とにかく「組み」ましょう。旗などを振らなくても、ただ一緒にいさえすればいいのです。一緒に笑ったり、一緒に歩いたりするのもいいでしょう。一人の力は弱くとも、一人が発言し、もう一人が相槌を打てば、周りの「空気」を変えることができます。こうした小さな勇気が小さな運動を育て、ひいては社会を変えていく大きな「風」になるのではないかと私は思っています。

もともと人間は弱い生き物なのです。弱いからこそ、互いの弱さを補い合い、支え合って長い歴史を生き延びてきたのです。「自律的な主体」、そして《支え合う主体》を私たちは取り戻さなければなりません。「二人」が孤立したままでいたならば、社会は悪い方向に行ってしまうことになるでしょう。

注

（1）東京新聞（二〇一五・七・二九夕刊）。

（2）二〇一四年七月一日、安倍内閣は集団的自衛権の行使を認める閣議決定を行なった。それまで、歴代内閣は「集団的自衛権を持っているが、憲法上は行使できない。行使するには憲法改正が必要である」という立場を取ってきた。しかし、安倍政権はこの後、閣議決定を根拠に「安保関連法案」を策定し、与党（自・公）の数の力で、衆議院そして参議院を通過させた。憲法によって権力を縛るという「立憲主義」の考え方に基づけば、憲法の改正には厳正な手続きが求められ、日本国憲法の場合、まず衆参両院ともに三分の二の議決を経て国会が発議し、国民投票を実施しその過半数による承認を得なければならない。慶応大学名誉教授の小林節さんは憲法学者として、今回の安倍内閣のやり方を、「立憲主義」を理解していないものだと厳しく糾弾している。

(3) 丸山眞男『日本政治思想史研究』（東京大学出版会　一九五二）、同『日本の思想』（岩波新書　一九六一）等参照。

(4) 神島二郎『日本人の結婚観』（筑摩書房　一九六九　二六二頁）。

(5) 同右、二六三頁。

(6) 川島武宜『日本社会の家族的構成』（学生書房　一九四八／岩波現代文庫　二〇〇〇）、ルース・ベネディクト『菊と刀』（長谷川松治訳　社会思想社　一九五〇／講談社学術文庫　二〇〇五）、中根千枝『タテ社会の人間関係』（講談社現代新書　一九六七）などは、古典的な「個人主義対集団主義」の日本文化論で、日本人には「個」がないとしている。

(7) ドイツ語の**Zwisam**は**Einsam**（一人の、孤独の）をもじった語で、「二人きりの」「差しむかいの」の意味（『岩波独和辞典』増補版　一九七一）。**Keit**は形容詞に付けて名詞化する後綴（同上）。「〈ツワイザームカイト〉セオリー」という言葉は、神島の〈二人関係〉という概念をうけ、政治学者松沢弘陽《ひろあき》が造語したもの。神島自身の言葉としては「〈あいたい〉理論」となる（神島二郎『日本人の発想』講談社現代新書　一九七五　七三〜八三頁参照）。

(8) カール・レーヴィット（一八九七〜一九七三）はドイツのユダヤ系哲学者。『ヨーロッパのニヒリズム』

（柴田治三郎訳　筑摩書房　一九四八／新版一九七四）参照。
（９）和辻哲郎（一八八九～一九六〇）は大正・昭和期の倫理学者・文化史家。『人間の学としての倫理学』（岩波書店　一九三四）参照。
（10）神島二郎「家族を自立の拠点として」（『思想の科学』No.102　一九七九年三月号　九頁）。
（11）神島、前掲『日本人の発想』八〇～八三頁。
（12）神島二郎『日本人の結婚観』（講談社学術文庫　一九七七「追記」一〇三頁）。
（13）マルティン・ブーバー『我と汝―対話』（上田重雄訳　岩波文庫　一九七九）参照。

結　間接民主主義に関する若干の考察

二一世紀の日本は、「いじめ」や「過労死」などなくなる社会にしていかなければなりません。働く人たちは八時間労働の中、定刻に帰り家族や友人と過ごす時間を持ち、休日にはボランティアや町内会などの市民的諸活動を、また夏冬には長期のヴァカンスを楽しみ、子どももお年寄も安心して暮らせる社会にしていかなければなりません。経済的には「足るを知る生活」〈経済成長主義の豊かさではなく、必要なものだけを持ち、家族・友人やコミュニティに囲まれながら、心の豊かさを第一に求める生活〉、経済学者宇沢弘文（一九二八～二〇一四）の言う「社会的共通資本[1]」を大切にする社会です。もちろん「軍事国家」ではなく、憲法九条に基づく「平和国家」を国是として…。

そうした社会を実現するには、何よりもまず、日本人の近代の悪弊である〈単身者主義〉的な生き方を変えていくこと、つまり家族やコミュニティを軸とした「普通の国」にしていくことが求められるのではないか――本書で一番言いたかったことはこれです。二〇一一年の東日本大震災・福島第一原発事故以後、同じようなことに気づき始めた人たちがたくさん現れてきました。日本社会は明らかに大きな変革の時代に入っていると私は思っています。それを実証してみたいというのが本書執筆の最大の動機でした。もちろん、本書がその実証を十分果たし得ているとはとても言えません。しかし少なくとも、第3章で紹介した日本各地でのさまざまな出来事や取り組みが、そうした「普通の国」を目指す「普通の人々」によって形づくられ、担われていることは確認していただけたのではないでしょうか。

本書を結ぶにあたり、議会政治についての若干の考察を付け加えたいと思います。第3章二節では、民主国家における大きな社会のうねり（「地殻変動」）を見ていく場合、①間接民主主義（議会政治）、②直接民主主義（デモや住民運動）、③「人々の集合的意識」という三つの分析視角が必要だと述べました。このうち、②と③の日本社会の現状についてはすでに論じ、その可能性について言及しました。では、①の間接民主主義（議会政治）についてはどうでしょうか。私は次のように観測しています。

既述のように、二〇一四年一二月一四日の衆議院総選挙は「低投票率下の自・公勝利（自民微減）」で終わりました。脱原発・反改憲など、政権与党の政策に異議を唱えるさまざまな「草の根」運動は、「間接民主主義」の制度のもとでは十分な数の代表を議会に送ることができませんでした。

一方、二〇一五年八月二三・二四日に行なわれた朝日新聞の全国世論調査[2]では次のような結果が出ています。鹿児島県・川内原発の再稼働に「賛成する」が三〇％、「反対する」が四九％、川内原発以外の再稼働に「賛成する」が二八％、「反対する」が五五％、「原発を今後ただちにゼロにする」と「近い将来ゼロにする」が合わせて七四％――国民の多くが将来の原発依存に反対していることがわかります。しかし、政府はそうした世論とは逆行した方向に進んでいます。

朝日新聞と東京大学（谷口研究室）が二〇一四年一一月から一二月に行なった共同世論調査(3)では、「憲法改正」について、有権者の考え方と先の衆議院総選挙で選ばれた国会議員の考え方との違いを明らかにしています。「憲法改正」に「賛成」「どちらかと言えば賛成」と回答したのは、有権者が三三％、議員が八四％。驚くべき差です。

これらの調査結果を見ると、国民の多数派の意見がまったく議会政治に反映されていないことがわかります。国民の多数の意思が議会に反映されていないという状況は世界的に見られる現象であるとアントニオ・ネグリなども指摘しています(4)。このことは議会政治、代議制の危機と言ってもよいでしょう。

今後は「草の根」運動とともに、議会を正当なものにしていくための運動も必要です。現在、脱原発・反改憲を主張している既成の諸政党は政策的にもイデオロギー的にもさまざまです。これらの政党が意思統一を図り、単独政党として、あるいは連合政権構想のもとで一体化すれば、国民の意思を十分に反映できるだけの議席を獲得することもできるはずですが、実現はなかなか難しそうです。また、現行の選挙制度は衆参両院ともに「比例代表制」ではなく、「小選挙区制」が基本となっています。[5]「小選挙区制」はどんなに得票数が低くても「比較第一党」となれば議席を獲得することができ、逆に、どんなに得票数を得ても「比較第二党」以下となればその全員が落選してしまいます。先の世論調査から見ても、国民の意思を正しく反映させるための選挙制度は「比例代表制」だと思いますが、現状の議会勢力の数の論理では、政権与党に不利となりそうな選挙制度改革は望めそうにありません。

まったく「新しい政党」を育て上げていく運動が求められています。同時に、既成政党に圧力をかけ、それらを連合政権構想の土俵に乗せていく運動も非常に大事になってくるでしょう。でも焦ってはダメです。

例えば二〇〇九年の民主党による政権交代は、近代日本社会の方向性を定め直す大きなチャンスを国民自らが手にした瞬間でした。このチャンスを生かすには、国民は長い目で新政権を支えていく必要がありました。ところが、民主党政権は旧勢力の猛烈な巻き返しに、なすところなくわずか四年で潰されてしまいました。問題は、民主党による政権交代後、選んだ有権者もほとんどこの政権を援護しなかったことです。「政権交代させてあげたのだからやってみろ」と言わんばかりの態度が、震災ショック後とくに目立ちました。「やってみろ」と突き放すのではなく、「一緒に変えていこう」という「うねり」を作り出していく運動が必要でした。あの「三・一一」の大惨事のさ中、どの政党が政権を担ったとしてもまともな施策を行なうことはできなかったでしょう。日本社会全体の機能が著しく低下する中、政府の危機管理能力のあまりの低さに国民は今さらのように驚き、失望しました。しかし、ここで露呈したのは一政権の能力の問題ではなかったはずです。露呈したのはまさに日本近代の歩みが形づくってきた、会社、国家中心の〈単身者本位社会〉全体に関わる根源的な問題だったのではないでしょうか。

民主国家にとって政府批判は常に有効ですが、同時に、選んだ国民には、こうした〈単身者本位社会〉を共に乗り超えようとする政治家を、しっかりと育てていく責任もあるのです。間接民主主義〈議会政治〉というものが存在する限り、私たちはその可能性を少しでも広げ、これをより良く機能させるための方法を、「自律的な主体」の責任において見つけ出していかなければなりません。

私たちが望む「新しい政党」「連合政権構想」が政権交代を果たすまでには、どのくらいの時間がかかるでしょうか。しばらくの間、私たちの手さぐりは続くでしょう。しかし、本書で見てきたように、少なくとも「凪」はその方向に確実に吹き始めています。現在の中・高校生《被災世代》が大人になって新しい家族を作る頃、彼・彼女たちはどのような民主主義を描き、どのような政治を育て上げているでしょうか。焦ることはありません。私たち自身が今、その地殻において確実に変化しているのですから。

注

(1)「社会的共通資本」とは宇沢弘文が提唱した概念。宇沢は「社会的共通資本」の具体的形態として、①自然環境〈山・森・川等〉、②社会的インフラストラクチャー〈道路・橋・鉄道等〉、③制度資本〈教育・医療・文化等）をあげ、「重要な社会的共通資本が安定的に維持、管理され、そのサービスが社会正義に適ったかたちで国民の一人一人に供給されるような制度の実現を目指すことが、経済学者が直面する最大の課題」（宇沢弘文・内橋克人『始まっている未来』岩波書店　二〇〇九　一五四頁）と言っている。

（2）朝日新聞（二〇一五・八・二五「全国世論調査」）。

（3）朝日新聞・東京大学（谷口研究室）による共同世論調査（朝日新聞　二〇一五・二・一）。

（4）アントニオ・ネグリは、現代の代議制は民主主義を実現していないと次のように述べている。「私が言う民主主義とは、自由、平等、すべての人の幸福を保障するシステムです。これに対して選挙を通じて現在、実現されているのは、結局は豊かな階層の人たちの意向。米国ウォール街の占拠運動が掲げた『私たちは九九％だ』というメッセージがわかりやすい例だ。一％のための政治になってしまう。日本でも同様です。脱原発運動が広がり、世論調査を見ても多くの人が支持するのに、選挙の結果はそうはならない」（朝日新聞　二〇一三・四・九）。

（5）「比例代表制」とは、得票数に応じて政党に議席を割り当てる制度。「小選挙区制」とは、選挙区ごとに一人の代表を選ぶ制度。一般的に、「小選挙区制」では政権交代は起こりやすいが、死票が多く、反対派の意見が反映されにくいとされ、「比例代表制」では各社会層の利害を勢力に応じて議会に反映できる代わりに、安定した政権ができにくいとされる。日本の衆議院の選挙制度は「小選挙区比例代表並立制」といい、両者の良い点を取ったとされるが、「小選挙区制」の比重が大きい。ちなみに、ドイツの「小選挙区比例代表併用制」は、「比例代表制」が基本になっている。筆者は、日本社会は複数の利益集団（企業・団体組織のほか地域サークル的なものも含まれる）からなる《派閥社会》ととらえており、それらがバランスよく代表を出せるという意味で「比例代表制」を基本にした選挙制度が良いと考えている。「小選挙区制」がマッチしているのはイギリスのような階級社会のケースとされるが、昨今のイギリスでは階級社会自体が崩れてきており、保守党・労働党という二大政党以外の政党も支持を広げている。

あとがき

二〇一一年三月一一日は、日本に大きな衝撃を与えた日ですが、くしくもそのひと月前、私は道路で転倒し、背骨を骨折しました。最初にかかった医師の見立ては「軽い骨粗しょう症」で、自然と治癒するので痛みがある間は痛み止めで過ごすようにということでした。それは筆舌に尽くしがたい痛みで、起床時にはとくに激しく、痛み止めの座薬をうって一時間半かけて起き上がるという生活をしばらく続けました。そのうち、別の整形外科で新たに三カ所の背骨骨折が認められ、いよいよ単なる骨粗しょう症ではないことに気づき、妻の強い叱責もあり、私はセカンドオピニオンを求めて埼玉医大の精密検査を受けることになりました。何度も行なった血液検査の結果、背骨の骨折は「多発性骨髄腫」という横綱級の血液がんが原因であることがわかりました。日本が横綱級の衝撃を受けた同じ時期、私個人も人生における横綱級の衝撃を受けることになったわけです。

それからまる五年が経ちました。幸い私は新薬とすぐれた医師にめぐり合い、現在生きながらえています。奇跡と言っても良いかと思います。日本も大震災と原発事故を経験しながら、何とか生きながらえています。安倍政権による原発再稼働計画や経済成長戦略は、私の体に喩えれば、疲れた体をさらに酷使し、見せかけの短期的な健康だけを求めて遮二無二突き進んでいるようにも見えます。長期的にはどんどん体力を失い、健康を蝕まれ、自然破壊や社会破壊だけが確実に進行していくような、危ない路線です。自然にも人間にもやさしい真の「構造改革」へと向かう舵切りが、政治家にも財界人にも学者にも求められています。

私は二〇一一年一一月から二〇一二年五月までのおよそ五カ月間、入院生活を送りました。その間、『現代社会学事典』（弘文堂　二〇一二）の神島二郎関連項目を執筆しました。原発事故の深刻さが毎日メディアで報道されていた時期です。その執筆過程で私は、今後の日本社会の方向を定めるにあたって、神島の作った理論は大いに有効であるとあらためて確信しました。この事典で私が紹介した神島の理論は、〈単身者主義〉〈第二のムラ〉〈出世民主主義〉〈馴成社会と異成社会〉〈政治元理表〉などですが、いずれも現代の日本社会の問題を考える上でたいへん有効な概念であると考えています。〈第二のムラ〉（第2章六〇頁参照）や〈出世民主主義〉は、まさに「原子力ムラ」の成立要因や、原子力行政を進めるエリートたちの「変心」のありさまを分析するために作られたような理論です。〈馴成社会と異成社会〉は、「付和雷同」の日本社会の病理を分析するための、また〈政治元理表〉（第3章一一三頁参照）は、政治学の新しい世界を切り開くための画期的な理論です。

本書は主に、神島理論の〈単身者主義〉を導き手に、震災・原発事故後の日本の進むべき方向を、近代史の大きな流れの中でとらえようとしたものです。本書で展開した議論が少しでも読者諸兄姉の役に立ち、共有され、小さな「帆」の一つとして大きな「風」を受けることができれば、これ以上の喜びはありません。もし、私を呼んでいただけたら、日本中どこにでも飛んで行って、みなさんの議論の輪に加わりたいと思っています。

本書は、各地域で地道な活動を続けている多くの市民の方々の「声」や助言を支えに完成することができました。この「草の根」のすべての方々に謹んでお礼申し上げます。出版に際しましては、新評論の山田洋さんのお世話になりました。編集段階では丁寧な検討・推敲をしていただき、内容も文章も見違えるようになりました。もちろん本書の記述についての責任はすべて筆者にあります。思わぬ誤り、問題点等については忌憚のないご批判を仰げれば幸いです。

あらためて、本書を《被災世代》（現在の中・高校生——感受性に目覚める最も多感な時期に東日本大震災を経験した世代）のみなさんに捧げます。いまだ多くの大人たちが「夢よもう一度」の経済成長を求める中、子どもたちはすでにまったく別の世界観を描き始めています。日本社会の来たるべき明日を健全に築き上げていく中心になるのは、まちがいなくこの世代だと私は確信しています。その子どもたちと共に歩む一人として、神島二郎の次の一文を引用し拙い筆をおかせていただきます。

変革はどこからでも始められる、ですから、われわれは、自分でもやれる、手近かの、ささやかなやりやすいところから始めればよいのです。というのは、どんな小さなことでも大きな社会のありかたとつながっているのですから、そこが変れば、やはり社会全体も変ってこざるをえないからです。〔中略〕ともあれ、大きな世界をにらみながら、小さな変革を着実に始めること、それなしには、われわれはこの世界の主人になることはできません。そしてこれならば、われわれはだれでもいますぐにささやかな〈出発〉ができるのです。

（神島二郎『日本人の結婚観』（筑摩書房　一九六九　三一三〜三一四頁）

二〇一六年三月一一日　東日本大震災から五年目の日に

大森美紀彦

著者紹介

大森美紀彦（おおもり・みきひこ）

1952年、東京都三鷹市生まれ。1977年、立教大学法学部卒。1985年、成蹊大学法学政治学研究科博士前期課程修了（法学修士）。日本政治学会・政治思想学会会員。立正大学・駿河台大学・聖学院大学・神奈川大学で非常勤講師を務める。
主著『日本政治思想研究―権藤成卿と大川周明』（世織書房　2010）、論文「小泉政治とは何だったのか」（神奈川大学経営学部『国際経営論集』No.36、2008）、「神島二郎研究ノート」（神奈川大学経営学部『国際経営論集』No.37、2009）、「現在の国際政治状況と国際政治〈学〉状況に対するオールタナティブな一試論」（神奈川大学国際経営研究所『Project Paper』No.21、2010）等。

《被災世代》へのメッセージ

これまで、そしてこれから／〈単身者本位社会〉を超えて　（検印廃止）

2016年4月11日　初版第1刷発行

著　者　大　森　美紀彦

発行者　武　市　一　幸

発行所　株式会社　新　評　論

〒169-0051 東京都新宿区西早稲田3-16-28
http://www.shinhyoron.co.jp

TEL 03（3202）7391
FAX 03（3202）5832
振 替 00160-1-113487

定価はカバーに表示してあります
落丁・乱丁本はお取り替えします

装　幀　山田英春
印　刷　フォレスト
製　本　中永製本所

ISBN978-4-7948-1034-2
Printed in Japan